地球上最幸福的字

ATLAS OF HAPPINESS

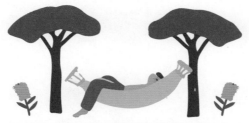

解鎖世界30國的快樂秘方！

海倫·羅素 Helen Russell　著

高霈芬　譯

CONTENTS

獻給殷切期盼著圖畫書的小維京人

歡迎光臨，說真的，快進來！外面的世界很可怕。看著不斷播放的新聞，很容易感覺這個世界每一分鐘都上演著越來越慘的悲劇、感覺每個人都越來越孤僻、這個時代沒有希望。不過，新聞報的都是已發生的事，而非沒發生的事，像是現代人越來越長壽、休閒時間比以往更加充足等等——這些都不會上「新聞」。

拜當代科技之賜，人們花在家務事上的時間，從每週 60 小時降到了每週 11 小時，但這種事情不可能登上報紙頭版。根據聯合國千禧年發展目標的相關數據和最新一期的世界銀行報告，過去 25 年來，世界上飢餓的情形下降了 40%，兒童死亡率也只有過去的一半，赤貧的情況更減少了三分之二——同樣地，這三份數據短時間內不太可能在推特上成為趨勢話題。

這是因為若前途一片光明，就沒什麼好報導的。負面偏誤（negativity bias）的意思是，身為人類，我們體驗「負面」事件時會比體驗「正面」事件時感覺更加強烈，對負面事件的記憶也比較深刻。但這並不代表環境之中只有「負面」的事件，我們必須刻意記住「正面」的事，保持信念——否則就無法改善現況。

保持樂觀不是瘋了，而是一種必要。如果我們老覺得沒有希望、處在危機中，自然的反應就是想要放棄、不再嘗試，但我們不能因為看似無法達成的目標而喪志，問題是用來解決的，挑戰是用來接受的。在意識到負面事件

的同時，我們也可以多留心要如何改善情況。每一天，世界各地都有人在尋找幸福，不管是全球幸福調查中名列前茅的國家也好，榜上無名的國家也一樣，藉著學習這些幸福之道，我們可以找到更多讓自己快樂的方式，同時也能互相幫助。同理心很必要，了解世界上其他人認為重要的事，也可以幫助到我們。理解不同國家對幸福的看法，甚至會影響我們未來與他人的互動。

這本書的靈感來自於我在 2013 年的一個研究，當時我為自己的第一本書《HYGGE！丹麥一年：我的快樂調查報告》（The Year of Living Danishly）蒐集資料時，獲得了許多深刻的洞見。從那時起，我就常在奇怪的場合（公廁、森林、沙丘等）被來自世界各地的人搭訕，他們都想與我分享自己國家獨特的幸福之道。身為一名旅居海外的外國人，我很幸運可以擁有如此多元、可愛的社交圈，來自世界各地的好友與我分享他們的真知灼見，於是我整理出了一份風土民情集錦，全面性地探討世界各地的幸福以及幸福人生的意義。

此書章節依照英文字母順序排列，希望能帶領讀者踏上一場驚奇不凡的世界巡禮，認識各種不同的幸福的方式。本書並非世界最幸福的國家排行榜，而是要帶你看看，不同地區的人都用些什麼來提升自己的幸福。如果我們只著重在幸福指數高的國家，就會錯過我們不熟悉的國家，以及其蘊藏的豐富理念和知識。

沒有地方是完美的，每個國家都有自己的缺點，但這本書將會厚臉皮地

大肆褒獎該國最棒的文化以及最優秀的特質——因為這就是我們應該側重的重點。書中列出的觀點或許未能詳盡,我也願意繼續吸收新知,所以若是我遺漏了什麼幸福小撇步,請告訴我!

　　其實,短短幾個字就可以帶來很大的影響,看似簡單的概念也可能可以改變我們看世界的方式。當初沒人覺得「Hygge」有什麼了不起,但現在「Hygge」已經引領全球風潮了。接下來,由你來決定本書提到的觀念中,哪些可以在未來引領風潮吧。

　　在我的研究中,有些幸福元素是放諸四海皆準的,例如與親友相聚的時間、減少工作壓力或是與大自然接觸等;然而像是芬蘭的「穿內褲喝酒」或是日本的敬老尊賢則有其文化獨特性。不過有一點可以確定的是:幸福方式百百種,每個人都有更幸福的權利。

　　這本書將帶給你 30 個快樂的理由,30 個讓你可以維持希望、在你感到絕望時向你伸出援手的幸福之道。書中有些方法可能會互相抵觸——某些國家的文化可能看似與鄰國文化水火不容,但這無所謂,因為每個人都是不同的個體,選擇對你自己管用的方法就好。閱讀、充電,去追求你的幸福吧。

FAIR GO

凡事講求公平

Fair go，形容每個人與每件事都該得到其應有的機會。這個片語的首次文字紀錄出現在1891年的《布里斯本郵報》（Brisbane Courier）中，當時正在罷工的羊毛工人，未經搜索令的宣讀就遭強行逮捕，他們向管理者抗議道：「這樣公平嗎？」（Do you call this a fair go?）該次罷工是澳洲史上最早也是最重要的一次罷工，後來還因此催生了澳洲工黨的誕生，並促進澳洲社會的平等。在澳洲，公平、運動家精神和正面積極的態度是最高指導原則。

AUSTRALIA

澳洲

直到今日，一部影集片頭的鋼琴和弦仍令我感觸良多，它總能把我帶回年少時那無數個夏天，以及我認識海灘生活、衝浪和「Fair go」的經驗。身為八〇年代出生於英國郊區的小孩，頭兩點跟我距離太過遙遠，但第三點卻造就了我現今自認自由的人生觀。澳洲電視劇《家有芳鄰》（Neighbours）首播那年，我六歲。澳洲肥皂劇喜氣洋洋的 G 大調與 C 大調片頭曲（有點像木匠兄妹合唱團的《靠近你》）在接下來的十五年中，每天帶著我走入劇裡的拉姆齊街（Ramsey Street）朝聖。《聚散離合》（Home and Away）在英國開播時，我也看了。也就是說，在人格發展的六歲到二十一歲之間，我總共接受了 3,510 小時的「No worries」（不要擔心）澳洲陽光文化還有「Fair go」（公平精神）哲學訓練。

來自布里斯本的朋友雪瑞登說：「這時間花得值得」！因為友善、陽光和 Fair go 是澳洲人的生活動力，所以，對身為業餘人類學家和幸福研究學者的我來說，其實只是提早學習相關知識而已。

Fair go在生活中的體現

Fair go 的觀念在澳洲真的非常重要，Fair go 的意思是機會均等、每個人都擁有相同的機會，雪瑞登說。來自阿得雷德（Adelaide）的珍也認同：「Fair go 就是不管你來自何方、不管你是什麼人，只要你能勝任這項工作，那麼就沒道理你不能做這項工作──這個概念再向外延伸就是，要給每一件事情『Fair crack』（同等的機會），做每件事情都要盡最大的努力。」這樣你便會感覺快樂──因為你會覺得沒有哪件事情是辦不到的，每個人都是平等的，大家都在同一條船上。

澳洲在幸福國家排行榜上經常名列前茅，大家也一向認為澳洲人是樂觀、友善的。他們在很小的時候就被灌輸，「和睦相處、公平競爭、參與」是最重要的價值觀。「老師們很注重這個原則，」來自墨爾本的班說：「也會鼓勵所有人參與。我記得以前在學校的時候，教室裡左撇子剪刀的數量和右撇子剪刀數量一樣多。我常拿到綠色那把左撇子剪刀，然後卡住……」

盡全力，比擁有天賦更重要

澳洲人對公平的講究，在全國人都著迷的一件事上最為明顯──體育競賽。班說他曾在足球比賽中因為雙手抱胸而被拖下場。「我跟教練說『我表現得明明還可以！』但教練說：『不好，你就只是站在那裡，你沒有努力！（giving it a fair go）』做一件事情時，你得試著做到最好，這才是關鍵！」這比施展天分還重要。

澳洲所有孩子的童年，都是冬天打籃網球（netball）或踢足球、夏天打板球。「在澳洲，板球是近乎神聖的活動。」班說，這也就是為什麼 2018 年澳洲板球國家隊的作弊醜聞，重重打擊了許多澳洲人。國際板球協會罰澳洲隊禁賽一次，但是澳洲國家板球協會卻決定自行禁賽一年。「我們給自己的懲罰，比世界給我們的懲罰還要嚴厲。」班說。在今天這個充斥著禁藥和尿液造假的時代，我覺得「用砂紙磨球」這類的違規還算小事，不過班很堅持地告訴我，這是大事。「作弊完全牴觸公平競爭的澳洲價值觀。在澳洲，一切講求公平，所以國家電視台上才會看到有人因為球員作弊的行為而哭了。」因為他們破壞了「Fair go」的原則。

　　體育競賽在澳洲有著崇高的地位，澳洲足球聯盟舉辦總決賽之前，維多利亞州會先放一天假（國定假日），墨爾本盃則是全國人民都可以放假一天。「我們也喜歡橄欖球（聯盟式和英式都愛）、游泳、網球……」，來自伯斯（Perth）的麗茲說說：「你不用擅長體育才能當體育迷。」我們都知道參與體育活動可以刺激腦內啡的釋放，讓我們更健康、快樂，但是經過證實，當個體育迷也可以讓我們更快樂。粉絲文化給了我們群體感，這種「歸屬感」可以增加我們的幸福指數。美國莫瑞州立大學（Murray State University）的體育心理學者發現，體育競賽粉絲的整體幸福程度比較高，孤獨程度比較低，社交生活明顯比較好，與其他人也較有共同的語言。

　　澳洲人似乎在好多年前就已經意識到這點。班告訴我，澳洲的體育社團會帶新移民去看足球賽，讓新移民能更認識這個文化，也有話題可以和同事、同學聊。「這真的很重要。」班強調。不過有個有趣的現象是，在澳洲比較少看見支持某隊的鐵粉或只支持自己喜歡的球隊的人，這跟其他國家不太一樣。「我們支持居下風的球隊，」雪瑞登說說：「一定挺他們呀，不然不公平，哪天搞不好換你失利。另一支隊伍若也能有『Fair crack』，就值得我們給他們『Fair go』。這就像是我們國家的座右銘。」

每個人都有Fair go的權利

　　現實與理想之間總還是有落差，綜觀澳洲歷史，確實有些人沒有得到公平的機會——像是原住民，自 1788 年英國殖民澳洲起，在你能想到的各個方面，原住民幾乎都一直受到根深蒂固的差別待遇，正如雪瑞登所言：「澳洲一直以來都不太傾聽原住民的聲音。」直到今日，一月二十六日仍是「澳洲國慶日」，向第一艘登陸澳洲的船艦「致敬」，不過現在也有許多澳洲人希望可以把這天更名為「入侵日」。

澳洲在「LGBTI」（lesbian：女同性戀、gay：男同性戀、bisexual：雙性戀、transgender：跨性別者、intersex：雙性人）人權上一直都表現不佳，即便雪梨被譽為全世界對同性戀者最友善的城市。不過在 2017 年，澳洲有許多人投票支持婚姻平權，讓每個人的愛情終於能有「Fair go」，平等的機會。2018年3月，北領地（Northern Territory）成為澳洲最後一個通過同性伴侶領養平等權利法，讓同性伴侶得以合法領養的區域。今天，根據維多利亞州《世紀報》的調查，「Fair go」的權利被澳洲人視為最高道德價值。這就是為什麼澳洲社會如此反對階級制度的原因，因為沒有人比其他人優秀，既然如此，憑什麼用不同的標準待人呢？

No worries（別擔心）的思考模式

每個澳洲人身上都帶著反獨裁的基因，而澳洲喜劇的一大特點就是揶揄自大的人（《凱西和金》〔Kath & Kim〕還有《烏托邦》是我最喜歡的兩部澳洲劇）。這種態度使得澳洲英語在用字遣詞上特別奔放不羈，和其他洋流方向相反的英語國家，那些性格壓抑的表兄弟們大不相同。舉例來說，我每天早上醒來的時候，想起澳洲這句超現實的可愛俗語，心情就會非常愉悅：「他頂上的牧場丟了幾隻袋鼠」──意思是說某人腦子裡的袋鼠失蹤了，所以他腦子壞了；或是這句很棒、很草根的：「我們不是來這裡搞蜘蛛的」指的是「我們不是來這裡瞎搞的，最好趕快把手上的事情處理掉。」我想大家都同意，大聲說這句話其實有點尷尬。

「我想我們挺擅長自我解嘲，」雪瑞登說：「我們也不會對自己太嚴厲，整體而言我們的確樂觀積極，不過我們放很鬆。因為『No worries』（別擔

心）。」現在到處都在講「No worries」，美國、英國、紐西蘭、南非，甚至是加拿大都會，但「No worries」是澳洲文化的象徵，代表著好友齊聚、瘋狂搞笑還有輕鬆樂觀。「『No worries』是澳洲人內建程式，這是一種思考模式，告訴我們事情再糟，最後都會沒事的（she'll be right）──又一句澳洲常用語，用於句末。充滿希望、充滿信心。」

我點出澳洲人在現實生活中，其實有很多事情值得擔心──鯊魚、水母、蛇、鱷魚、「蠍子魚」（顯然真有這種東西），還有致命的蜘蛛。這些東西你一樣都不擔心？我試探性地問。班聳聳肩。「反正是人都會死啦……」是班給我的答案。「『No worries』就像是一種特殊的信念，讓我可以無所畏懼地活著、愛著，就算結果不一定理想。」

身為一個無時無刻都在擔心的人，這種「No worries」的人生觀，我覺得很好。在一個石頭底下不會藏著致命生物的國家，按照這種人生觀過生活，應該很愜意。但若遇到困苦艱難的時候，要如何保持樂觀積極呢？「陽光幫助很大，」雪瑞登說：「陽光讓你心情穩定，而且這裡還有晴空萬里的藍天。」季節性情緒失調──在冬季陽光不足時會出現的臨床症狀──在四季都豔陽高照的澳洲非常罕見，雖然天氣也偶有例外。「但就算熱帶颶風來襲，」雪瑞登說：「降下的大雨也不冷。」

還記得好幾年前我在雪梨碰到大雷雨，但感覺就像是淋了一場提振精神的熱水澡。沒錯，在澳洲就連雨水都很友善。看我這麼羨慕他們的人生，雪瑞登的話稍稍安慰了我，他說四季如春的天氣也有其麻煩之處：「在澳洲：『life's a beach』（譯註：「沙灘人生」取「Life's a bitch」〔人生好難〕之諧音）──就算不是無時無刻待在沙灘，也算是一天到晚跑沙灘了。昆士蘭的氣溫落在攝氏 36 ～ 38 度之間。我皮膚很白，又有雀斑，所以我人生的頭十六年都穿著海

灘短褲，長袖防曬上衣、戴著帽子，有時候我也會撐傘遮陽，但看起來就像是十八世紀的女人跟霸子・辛普森〔Bart Simpson〕的綜合體。」

我很同情她，我告訴她我的皮膚也不喜歡太陽，但我的靈魂很喜歡。班懂我：「陽光『打』在臉上的感覺最棒了——那一瞬間好像一切問題都沒了。」澳洲人並不把好天氣視為理所當然，澳洲政府甚至會提供體弱多病的人補助金，讓他們可以到更溫暖的澳洲北部待著。「我們知道陽光對人類很有益處，」班說：「能有陽光，我們自覺相當幸運，所以我們自稱為『幸運國度』」。

待在戶外、多交些朋友

「幸運」這詞用得很精準，澳洲有很好的社會福利體制，健保免費，大學以前的教育都免費，大學後的教育也有零利率就學貸款，包含學費和生活費。多數人下午五點就下班，85% 的澳洲人住在距離海邊五十公里的範圍內，國內共有一萬個美麗的海灘，只要你想要，你就可以大搖大擺地走到海邊衝浪。澳洲也有很多呼吸的空間，平均一平方公里只有三個澳洲人，而他們大多也都待在室外。

「這種天氣會讓你想要待在戶外，而且你不會想要單獨待在戶外，這就成了一個很好的社交環境。」雪瑞登說。友情對澳洲人來說真的很重要。根據經濟合作與發展組織（OECD），94% 的澳洲人認為，出現緊急事故的時候，他們有可信任的人可以投靠。「在澳洲，我們跟人有很強烈的連結，而這一切『得來相當容易』。」雪瑞登告訴我：「如果有人不想跟我交朋友，我會覺得：『你有什麼毛病？』」這很有意思。相較之下，在英國，甚至是丹麥，交朋友要由至少兩位親戚替你正式引介，或是你已經跟

某人同校好幾年了，不然就是要從推特認識。班也說，澳洲人比較願意透過面對面的互動來認識新朋友。

「在澳洲，咖啡師替你泡咖啡時，你會跟他聊天，他可能會回你：『要不要一起去喝杯啤酒？』」然後你就會去？我簡直不敢相信有人這麼有社交自信。「去呀！」不是因為對方是辣妹，你很哈她？我認識班只有一個月，但這舉動感覺很像他已經自我放棄了。班說：「會去啦……」但又馬上補充：「70% 的情況下是會去啦！澳洲人有很多共通點，所以你一定可以跟他們聊體育、咖啡或海灘……」雪瑞登也一樣不怕生：「我們跟誰都能聊——髮型師、咖啡師、店員等，都可以跟他人輕鬆建立起友誼。如果發現跟對方很合，進一步發展也不奇怪。」麗茲連跟在公車上坐她旁邊的人都可以變成一輩子的好友（這些人非常幸運，麗茲真的是非常棒的好友）。澳洲人對待友情和他們對「No worries」的態度一樣——大方付出、盡情散播，但也並未因此而少了一份真誠。

我忽然驚覺，能這樣活著應該很美好——想著生活中你遇見的每一個人，其實都是在等著要跟你做朋友。在友善、輕鬆、熱愛戶外活動、充滿陽光、秉持公平信念的環境中，怎麼能不幸福？展望未來，讓我們追求公平、廣結善緣、每件事都全力以赴吧。記得，我們不是來搞蜘蛛的。

如何將「Fair go」應用在生活中&
進入「No worries」的心境？

1

給身邊每個人一個「公平的機會」，不管是可能變成朋友的人，
或是辦公室中老是弄壞影印機的實習生，還有幫你泡咖啡的咖啡師。

2

做每件事都全力以赴。
努力不容小覷，熱情是人類最吸引人的特質。

3

心存感激。
也許我們並不住在「幸運國度」，但我們都有值得感謝的事。

4

即將展開很「硬」的一天？明天此時就過了啦！
不要擔心。真的。是要擔心什麼？

5

太陽出來了，你也該出來了！
至少把你的臉露出來吧。
當然，露臉之前要先擦上防曬係數五〇的防曬乳。
閉上眼睛，抬起下巴，好好感受暖陽落在皮膚上的感覺。
忽然間，在這一瞬間，你會感覺問題都不見了！

GROSS NATIONAL HAPPINESS
國民幸福總值

————◆————

　　國民幸福總值（GNH，另譯國民幸福指數）是不丹政府與人民的人生哲學。不丹測量整體國民的幸福快樂指數，並且認為這比經濟利益更重要。雖然不丹人一直都是如此實行，但「國民幸福總值」一詞在1972年，不丹國王吉格梅・辛格・旺楚克（Jigme Singye Wangchuck）接受《金融時報》記者採訪時才正式提出：「國民幸福總值比國民生產總值更重要。」從那時起，不丹便努力制定相關政策，並藉由國民身、心、靈的健康，社會、環境的健康以及自然環境來測量「繁榮」。

B H U T A N

不丹

　　空氣清爽，高山刺入了遼闊的天空，遠方高高的山峰則消失在雲間。這個喜馬拉雅山上的小國，人口只有七十五萬，街上仍可看見牛隻漫步，但卻悄悄地在改變著這個世界。1962 年以前，不丹還沒有道路、學校、醫院，也沒有國家貨幣，後來人稱「現代化不丹之父」的第三任國王吉格梅・多吉・旺楚克（Jigme Dorji Wangchuck）把國家交給兒子之前，開始大興公共設施。第四任國王吉格梅・辛格・旺楚克則在十幾歲時，繼承了父親的王位，肩負起推動現代化的責任——用不丹自己的方式來做。

不丹式的幸福

　　不丹提倡幸福快樂以及重視業報（karma）的歷史已經相當悠久，而早在公元 700 年左右，佛教就已傳入不丹。「同理與利他的觀念，在不丹就跟這些高山一樣老。」朋友帕桑說。帕桑來自帕羅（Paro），是不丹唯一有國際機場的地方。對絕大多數不丹人來說，「ga-kyid」是一個非常重要的概念——「ga」是「幸福」的意思，而「kyid」指「和平」。然而，帕桑說「這個詞的概念已經超越了其字面意義，還包含心靈、環境、社會和經濟等面向。」

　　另外還有兩句古諺，點出了不丹人看待事情的優先順序：「快樂沒有方法，快樂就是方法」、「快樂來自於信任，而信任是免費的。」一直以來，不丹都在以自己的方式慢慢進步，各種新建設如醫院、學校和通往這些地方的道路，也都有推波助瀾的功用。

　　1972 年，旺楚克四世上任，他延續父親的工作，持續推動不丹的現代化。他在其他國家觀察到一些消費主義者花招，以及伴隨而來的問題，而他並不喜歡。不過，他沒有把自己的王國與外界隔絕開來，反而是開始避免無止盡地追著冷冰冰的現金跑，罔顧人民的幸福，同時他也開始提倡「ga-kyid」以及在新舊之間找到平衡點。

　　「旺楚克四世提出了國民幸福總額一詞，藉此將不丹人多年來一直在努力的理想和信念具體化了。」我的訪談對象，來自不丹首都廷布（Thimphu）的才旺說：「這樣可以確保舊有生活方式的優點，不會因為現代科技的入侵而消失。」九〇年代末，不丹引進了電視和網路，甚至還引進了《摔角狂熱》WrestleMania）、印度肥皂劇和 Kit Kat 巧克力（「非常受歡迎」），但是傳統觀念仍保存了下來。

　　到了 2005 年，旺楚克四世的聲望達到了巔峰，他卻退位跑到一間樹屋過著自己夢想中的幸福生活，讓他的兒子吉格梅・凱薩爾・納姆耶爾・旺楚克（Jigme Khesar Namgyel Wangchuck）繼任。新國王旺楚克五世治國後，也持續監督不丹的民主化過程。而到了 2008 年，不丹憲法已將「國民幸福總額」立為政府的官方目標——於此同時，世界其他地方卻開始分崩離析。

不丹政府的「幸福計畫書」

當其他已開發國家出現日益嚴重的不平等、環境災難和金融危機，不丹的另類策略卻開始逐漸嶄露頭角。2011 年，聯合國祕書長潘基文呼籲會員國追隨不丹的腳步，測量幸福快樂指數——因為他說快樂是「人類的基本目標」。隔年，潘祕書長和不丹總理吉莫‧廷禮（Jigme Thinley）會面研討相關策略，並研擬計畫來推廣不丹的國民幸福總值，藉此提升世界各地的幸福指數，因為這個方法真的有效！

現在，不丹不僅有免費的全民健保，還有全民教育——拜國民幸福總額計畫所賜，這些是優先處理項目。因這項計畫，國民的預期壽命還因此翻倍，而且不丹學齡學童就讀小學的比例為百分之百！「在學校裡，小孩會學到國民幸福總額的概念，這是主流議題，但這不只是教材內容而已，這對你個人的整體狀態也很有意義。」才旺說。每兩年，不丹政府的智庫就會做一項研究，調查國民的生活情形與幸福程度。接著，國民幸福總額委員會，會用九個指標來測量幸福指數與快樂指數，這九個指標分別為：心理健康、身體健康、時間分配、教育、文化多元韌性、良善治理、社區活力、生活水準以及生態多樣性——生態在不丹非常重要。

所有的商業和政府行為，不論其經濟效益，都會受到「國民幸福總額」的放大檢視，該研究還會評估這些活動對整體環境和社會造成的影響。根據幸福研究機構（Happiness Research Institute）指出，永續和幸福之間有很強的關聯，而歐洲社會調查也發現，關心環境的人，主觀幸福程度較高。

　　綠色環境確實讓才旺感到幸福——而初次抵達不丹的人，也常常提起不丹的環境。「遊客都表示，在世界上其他地方未曾看過如此茂密的森林以及如此完整的地景，」才旺說：「這就是國民幸福總額的一部分。」

捍衛健康，拒絕麥當勞

　　不丹是開發中國家裡唯一一個把「永續經營」視為重要政治議題的國家，不丹也承諾要維持碳平衡，永遠保持 60% 以上的森林覆蓋率（目前的覆蓋率為70%）。不丹這片土地如此誘人，連孟加拉虎都從印度逃到了不丹，因為牠們老家的棲息地被人類摧毀了。除此之外，不丹禁止伐木出口，還制定了每月的「行人日」，鼓勵大家減少駕駛自家汽機車上路。才旺告訴我，不丹最近才剛拒絕加入世界貿易組織的機會，因為要成為成員國，就必須對外打開不丹的森林以及其他自然資源——這與國民幸福總額計畫中，保護環境的目標背道而馳。不丹也以捍衛國民腰圍為由，拒絕麥當勞進駐，把財源擋在門外。「不過我們還是有 Kit Kat 巧克力啦。」才旺承認。不丹政府正努力要減少不健康食物的進口，鼓勵大家吃得健康，目標是達到一個「有機的 2020」，「這是一個過程啦，大家需要經歷幾次不健康的循環，才能看見、明白這個做法的重要性。因為告訴大家你該怎麼做，會有人不開心。」才旺說。

　　國民幸福總額的用意是要所有人都開心。「我們不是一個以個人為中心的社會，」才旺說。「在不丹，每件事情都是大家共同完成的，我們不像某些其他文化那麼注重隱私。在不丹沒有『隱私』！」不過這樣的好處就是，你不太容易感到寂寞。「你可能要跟二十個人共用一間房，然後跟另外二十個人一起坐下來吃早餐。」才旺這麼說。他也宣稱：「我喜歡這種生活方式，這樣我們才能共享有限的資源，才可以得到真實的社群感。分享就是愛。」

不丹的新舊融合

　　不丹並非天堂，許多人每天也都過著辛苦的生活，在困難的環境中工作。在不丹社會中，男人和女人仍扮演著相當不同的角色，像是高原區的遊牧民族仍實行一夫多妻制，一個男人有好多個妻子幫忙推著孩子到處跑、照顧牛隻。

　　然而，現代化並非未伴隨著挑戰。科技的確帶來了破壞，才旺坦言。九〇年代電視出現後，不丹的六十多種方言有幾種也開始漸漸式微，改以英語或宗卡語（Dzongkha，不丹國語）作為溝通語言。不過像是微信（中國的社群媒體應用程式），卻也幫助其中一些方言重獲新生，像是有人會在網路上開群組分享學習語言的相關資訊，某些不識讀寫的社群，現在也能透過視訊通話來與彼此聊天。不丹教育部長與首相，鼓勵學校發展「STEM 教育」（科學、科技、工程、數學），學童也可以學習打造自己的電腦和無人機。「我們也有類似麻省理工的實驗室。」才旺自豪地說。

　　國民幸福總額計畫也努力發揚優良的不丹傳統文化，「若是生病了，可以選擇不丹的民俗療法或是一般醫療體系，就連在醫院也有這兩種選項。」才旺

告訴我。西醫治病，不丹傳統療法治人。「所以兩種都能看，很好。」才旺和許多不丹人都這樣認為。

　　新舊結合不是這麼容易的，「我們的國家站在交叉路上，傳統和當代於此匯集，我們需要想想自己從何而來，以及要往何處去。我們也需要對身旁的人有同理心。」我很好奇這跟國民幸福總額有什麼關係？才旺告訴我，同理心絕對是國民幸福總額的一部分。「國民幸福總額積極提倡同理心，因為我們無法知道其他人的生命中發生了什麼事情，所以我們都需要加強同理心。」

不丹人的前世與今生觀

　　國民幸福總額不是什麼自以為是的概念，才旺和帕桑這樣說，不丹人並沒有說自己很幸福，而是說「他們很努力地在製造幸福」。「佛教觀念認為，我們每個人的今生都是一個旅程，不論我們此時此刻做了什麼，不論是好事或是壞事，都會影響我們今生的未來以及轉世後的來生。」帕桑說。他告訴我，大多數不丹人認為有些人生活無憂無慮，總是好運連連，是因為他們上輩子燒好香，這輩子得好報，反之亦然。因為：因果業報，「如果你偷竊、說謊，但有能力負擔很貴的律師，應該就可以躲過一劫，但是在因果業報中，你不會平安的。」才旺說。

　　因果業報比世間的賞罰更直觀，同時也更先進，這也提醒了我們，我們今世的肉體正在凋零，「在不丹，你會看到很多死亡、很多痛苦，但是你卻能接受這一切。」帕森說。因果業報的觀念移除了痛苦的感受，不丹沒有人畏懼死亡，連火葬場都蓋在社區的正中心，藉此提醒眾人，人生無常。「若有人過世了，你在好幾公里以外就會知道，你會看到焚化爐冒出煙來，兒童也會指著灰煙、彼此通報──不丹人心裡一直有著循環轉世的概念。」才旺說。不丹的廟宇也會希望信徒伏地，放下自我，這樣才有空間可以讓智慧與啟示進來。

不丹的高山，形塑不丹人的性格

　　不丹的地貌造就了當地人謙卑的性格，高山之下，必死之凡人顯得渺小，讓人感覺身為人類無足輕重。難以預測的世界是一個整體，這裡面有好多種不同的生物，而人類只是一小部分。「我們的終極目標是與自然共存，我們相信所有動物都是我們在別世的兄弟姐妹、孩子或是父母，所以我們會好好照顧牠們。」才旺說。最後，我想分享不丹的一句話，「我們不是從祖先繼承這個星球，而是向我們的孩子借用這個星球」。這種世界觀很了不起，值得我們所有人借鏡。

如何在生活中提升「國民幸福總值」？

1
多點同理心
下一次你不爽同事，或另一半沒把髒內褲放到洗衣籃裡，你正準備拿襪子丟他時，不妨想想他們也許遇到了什麼煩心的事，不是故意要惹你。

2
放下自我
如果可以不預設立場，從你碰到的每個人、
每件事情中學習人生，會發生什麼事？
你的狗、公車司機、討厭的同事，是不是一直在告訴你一些什麼訊息？

3
盡可能過一個永續的生活
今天好好照顧自然世界，也好好照顧你自己──
這樣，明天大自然和你自己才都能有更大的贏面。

4
幸福比金錢重要
舊金山州立大學的研究證實，
比起購入更多我們根本不需要的東西，
我們從經驗獲得的喜悅反而大得多。

5
記得：
快樂沒有方法，快樂就是方法。
幸福是趟旅程，好好享受吧。

SAUDADE

從缺的幸福

◆

　　Saudade（發音：「sow-DAH-djee」），名詞，對於過去曾經
的幸福，或是你巴望卻無法擁有的幸福的渴望、哀愁或懷
念。Saudade最早出現於十三世紀的《幫助詩集》（Cancioneiro
da Ajuda）。十五世紀，葡萄牙船隻航行至亞非兩洲，留在葡萄
牙的人因摯愛離開身邊而感到失落，Saudade一詞便開始流行
起來。十六世紀，葡萄牙殖民巴西，移民至巴西的葡萄牙人開
始使用Saudade一詞，藉此對留在家鄉的親友表達思念。現在，
這個詞同時帶有葡萄牙和巴西色彩。

BRAZIL

巴西

巴西——嘉年華會、足球與堅果的國度——有個詞可以用來指「從缺的幸福」，這個詞彙好美，還能從中獲得一種詭異的喜悅感。Saudade 是一種非常特殊的感受，所以非得收在這本書中。正如哲學家齊克果所言，「憂鬱和悲傷之中有種無比幸福的感覺」。科學家也同意齊克果的看法，新南威爾斯州大學（University of New South Wales）的研究發現，悲傷可以強化對細節的敏感度、提高韌性，使人更寬容。

在憂鬱的時刻，我們都曾覺得有種悲喜交雜的感受——回想過去、翻看舊照片，或是太過在意某件事或某個人，所以在他們離開的時候會非常想念。要完全杜絕悲傷和後悔，唯一的方法只有杜絕人生；而唯有經歷過黑暗，才懂得珍惜光亮。這就是為什麼 Saudade 這麼重要。

Saudade「從缺的幸福」的由來

這個詞的起源與葡萄牙帝國的興衰有關，一開始，Saudade 用來表達對長征中不幸身亡的人的思念之苦。活下來的生還者感覺生命中好像少了什麼。不過在巴西，Saudade 從初抵異鄉的人角度出發，這些人來到巴西通常並非出於自願，而葡萄牙人以巴西為家，也使巴西成為南美洲唯一說葡萄牙語的國家。換句話說，巴西國內充滿著 Saudade 氛圍。

Saudade 也隱含著你所思念的人事物不會再次出現的想法。如十七世紀葡萄牙作家曼紐・吉・美露（Manuel de Melo）所言，Saudade 是「你蒙受的喜悅，你享受的痛苦。」（A pleasure you suffer, an ailment you enjoy）與 Saudade 相關的印象有：望向大海的父親，不知兒子還會不會回來；身穿黑衣的寡婦，因其

摯愛在船難中喪生；或是沒有父親陪伴長大的孩子，因為父親被遣送出境了。
「這是一種對深愛卻無法再度擁有的人事物的渴望——可能是食物、天氣、你
住過的地方，或是一個人。」來自東北方福塔雷薩（Fortaleza）的丹妮兒告訴我。

今天，Saudade 一詞的「所有權」究竟在巴西或葡萄牙手上？兩股勢力互
不相讓，但是就使用規模和受苦程度來說，巴西獲勝。巴西人口組成不外乎大
量湧入的葡萄牙移民和非洲奴隸——其中多為班圖（Bantu）和西非人——因此
巴西歷史充滿著混亂和痛苦。雖然十九世紀時，奴隸被視為非法行為，但還是
有許多人迫於經濟壓力得離鄉背井，拋下摯愛、至親。

無法再度擁有，但感謝曾經擁有過

在歷經了幾百年的剝奪之後，Saudade 成了巴西人非常重要的精神支柱，
巴西甚至制定了國立「Saudade 日」——每年的一月三十日，在這天，到處都
可以聽到充滿鄉愁的音樂，大家也會與彼此分享流露 Saudade 之情的詩作、故
事以及引發這種情緒的人或地。

「就像是『我愛你』或『我想你』，但又更廣、更包羅萬象。對我來說，Saudade 是某人或某事讓你很慶幸曾經出現在你生命裡，還讓你魂牽夢縈。你可能會因為無法再度擁有而感到傷心，但是你卻能開心地想起自己曾經擁有過。」丹妮兒說。

Saudade 也可以用來形容想念某種仍存在的東西，它還存在，但卻無法獲得更多，例如「Opal Fruits」軟糖或是「漏網之魚」。試想初戀修成正果，想像跟他在一起的生活。很怪，對吧？有點像是「薛丁格的妻子」，感覺有譜，但其實也可能無疾而終。那種令人意亂情迷、神魂顛倒、吞滅你全部的慾望——強烈渴望著某人，感覺自己簡直要掉出窗外了的感覺——不會天長地久。怎麼可能天長地久？如果你現在與他重逢，也許就不會有之前的火花了。他也許已經不是以前那個他了，你當然也不是以前的那個你。也許當時你們失去彼此，才是最好的。

同樣地，傳統 Saudade 畫作中一定會出現的寡婦，可能會忽然發現丈夫其實還活著，但丈夫回來的時候卻已經是不同的人，或是身邊有了其他人了；船員返家後可能會發現他的愛人已經離開、發現重病的父母已經過世、發現他的家鄉不一樣了，他可能會感覺自己和僅僅幾天前，在大海上思念著的事物完全脫了節。

巴西人快樂的悲傷

Saudade 帶著一種模稜兩可的感覺，或可以說是一種複雜的感覺——這種感覺使你明白，某些失去雖不可避免，但沒關係的。心理學家認同這種想法有益。悲傷是現實生活的一部分，而且「感到憂傷是沒關係的」，這種心態是健康的，還可以幫助我們接受，讓我們知道生命中某種程度上的痛苦是正常的、會過去的。這並不表示我們毫不在乎，我們可以難過，可以完全浸淫在 Saudade 的情緒中，然後把這一天過完。

Saudade 讓我們在情緒上魚與熊掌兼得，也難怪這麼多年來，Saudade 一直是藝術家創作的主軸。音樂人也從 Saudade 得到靈感，Saudade 啟發了許多 Bossa Nova 作曲人如喬安・吉巴托（João Gilberto）、費尼希斯・迪・摩賴斯（Vinicius de Moraes）和湯姆・裘賓（Tom Jobim），〈滿懷思念〉（Chega de Saudade）就是他們的作品。這首歌在丹妮兒心中有著非常重要的地位，她告訴我這是因為：「我老公當初想約我出去的時候，就彈這首歌給我聽。」她老公成功了，丹妮兒現在有孕在身，七個月了。「這是首悲傷的歌，」我們在 YouTube 上邊聽著，她邊告訴我：「但這是快樂的悲傷，可以平衡巴西那種超 high，有時甚至會過 high 的嘉年華魂。」

Saudade 被形容為「存在的不存在」，有點像是渴望，「你身邊可能有好幾千人，但這些人當中沒一個是你想花時間在一起的那個人。」丹妮兒這樣形容。不過這並不是在顧影自憐：「Saudade 是意識到，人們在你生命中有多麼重要的那一刻，以及你視之為理所當然的時時刻刻。」她說。

　　所以說，Saudade 讓你了解，要對你所擁有的心存感激，同時也意識到一切都可能稍縱即逝。好幾千年來，這一直都是幸福的鑰匙，斯多葛主義哲學家塞內卡（Seneca）要我們「時不時」就想像自己失去了一切，這樣才能學會珍惜我們所擁有的。但是不知為何，這個世界上其他地方都忘了這寶貴的學問。負面的情緒和想法，甚至是對你可能很有幫助的那些念頭，都被壓抑了下來，埋在「忙碌」或是「今天早上還沒喝咖啡」的情緒底下。但在葡萄牙或巴西不是這樣，丹妮兒說：「Saudade 讓我們能有更深層的感受，悲傷和愉快的感受都是，這提醒我們要歡慶自己所擁有的，所以我們時時刻刻都準備好要跳舞、時時刻刻準備好要愛人，也時時刻刻準備好要接待最愛的那些人。」

擁抱產生愛的賀爾蒙

　　在巴西，「好客」簡直就像神聖的宗教儀式，丹妮兒告訴我，她有些親戚一天要吸地兩次，以免有人突然來訪。「朋友每週都會來，每週至少來一次。而且我有大概一百萬個表兄弟姐妹⋯⋯所以我們家裡總是有多的食物，這樣不管下一餐是哪一餐，都能邀請他們加入。」巴西人通常一開門就會問客人：「吃飽了沒？」在這個熱愛嘉年華會的國家，民風滿溫情也真的不意外。巴西的好天氣也與好客有關，丹妮兒的家鄉整年幾乎都維持在攝氏 30 度，「冬天除外啦，冬天大概 27 度。」她說。

　　巴西人也是觸覺型動物。有一個我很喜歡的葡萄牙詞彙「cafuné」──某人情深、親暱地撫摸著你頭髮的動作，就像是在按摩一樣（「巴西人都超級喜歡 cafuné」），以及「aconchego」（溫情），意指被某人攬入懷中或被溫暖接待。「我們很常肢體接觸、我們善於表達。」丹妮兒邊說邊抱住自己。肢體接觸會釋放「催產素」（愛的賀爾蒙），讓人感覺幸福，腦神經科學家認為這是寂寞良藥。

巴西式的享樂：放下顧忌、開心的玩

「在世界其他地方大概找不到比我們更懂得享樂的人了。」丹妮兒說。沒錯，他們甚至還有一個很有嘉年華風情的詞「desbundar」，意思是「放下顧忌，開心的玩。」嘉年華季從一月開始，里約是最熱鬧的城市，「不過說實話，到處都是嘉年華會。」丹妮兒告訴我，她還說大白天就會有人在街上跳舞。會喝得很醉吧？「通常不會！」

跳舞不僅會釋放腦內啡（就跟運動會釋放腦內啡是一樣的），赫特福德大學（University of Hertfordshire）的研究指出，跳舞還可以增加自信。「在巴西，我們會把頭髮像這樣完全放下來，藉此淨化心靈。這樣我們就會比較放鬆，」丹妮兒告訴我：「這跟 Saudade 是一樣的道理，我們有好多不同的問題，舉例來說，政府……」巴西政府貪汙腐敗的情形不停蔓延。「還有人民的工時很長、社會嚴重不平等、失業率高，所以我們在很小的時候，就學會了『滿足就是幸福』。」

一有時間就和家人好友見面，對她來說才是最重要的。而當這些人已經不在身邊時，好好追憶他們，就是在向他們致敬，這也是一種「傾吐」情緒的方式——不論你的情緒是好是壞。

　　我喜歡這種慶祝過去與當下的幸福的概念。Saudade 就像是寫給失去的人的情書，這是一種必要的放鬆方式，這樣才不至於沉船，也可以藉此好好想想我們所愛的人、我們的希望、我們的夢想——不論這些人事物最終的結局是否跟我們想要的一樣。我突然好想念祖父、想念一個以前曾經很要好的老友，但我跟他已經回不去了。這兩件事都讓我相當痛心，但是我很感激他們曾出現在我的生命之中。現在我想去為他們哭泣，也許哭完之後我會想要跳個舞……像個巴西人一樣。

如何體驗「Saudade」，從缺的幸福？

1

聽《滿懷思念》來培養情緒，
可以找黑膠來聽，增添懷舊感。

2

在臉書上找出舊照片，可以是已經沒有連絡的老友，
或是你還很喜歡的前任。不要憋住隨之而來的情緒，
放下並讓自己沉溺在渴望和想念的情緒中。

3

花時間想念深愛過但已不在的人，
接著，練習為還在身邊的人心存感激。

4

找一天整天慶祝Saudade，
巴西的Saudade日是一月三十日，
不過你可以自行選擇適合你的日子。
看部老電影、聽些會讓你想起過去的音樂，
挖舊情書出來看（看電子郵件或簡訊也可以）。

JOIE DE VIVRE

生活的喜悅

Joie de vivre，生活的喜悅，用來表示熱情、歡樂的生活享受。十七世紀晚期，Joie de vivre這個片語就已經在法國出現，而首次文字記載則出現在左拉（Émile Zola）1883年的小說《生命的喜悅》（La Joie de vivre）中。自那時起，「生活的喜悅」就在法語世界中逐漸演變成一種世俗的宗教，不過此概念的精髓在加拿大人身上發揚光大，也可以用這個片語來形容加拿大人的氣質。

CANADA

加拿大

噢！加拿大！這個有麋鹿、楓糖漿、我婆婆，還有杜魯道（Justin Trudeau）的國度，我們愛你。不只是因為你有大熊、海狸、騎警以及我婆婆（當然也是因為有這些東西），也因為你們「生活的喜悅」完全無懈可擊。加拿大有三千六百萬人，散布在九百萬平方公里的土地上；它是美國的鄰居，但社會風氣比美國自由，幅員遼闊，也有一個「很友善」的聲譽。自從聯合國2012年出版第一份世界幸福報告起，加拿大就一直都在幸福國家排行榜上前十名，這都要歸功於他們超大份量的「Joie de vivre」。

「Joie de vivre」的生活哲學

「在這裡，生活的各個層面都很幸福。」蒙特婁（Montreal）的梅蘭妮說。「我們有好食物、好朋友、宜人的季節。在加拿大，『Joie de vivre』是最常被用來形容幸福的片語。」「Joie de vivre」在魁北克尤其流行，魁北克是說法語的省份，根據《加拿大公共政策期刊》的研究，魁北克也是加拿大官方認證，

全國最快樂的城市。魁北克人真的很快樂，如果魁北克是一個國家，那麼它在國際生活滿意度的排行榜上肯定僅亞於丹麥。「這是因為我們是法國人，」梅蘭妮說，「但，你也知道，我們又不是法國的法國人。」這兩者之間有很大的差別。

我就明說了，我認識的法國人中，幾乎沒有一個人像電影《艾蜜莉的異想世界》的主角，雖然他們都有自己獨特的討喜之處。我認識的法國人當中，唯一一個像艾蜜莉的人就叫艾蜜莉，但是她自稱「史上最不法國的法國人」。

雖然我相當迷戀法國，每年都會到法國工作或是度假，我還是不禁覺得這些看起來像歌手塞吉·甘斯柏（Serge Gainsbourg）的法國人有點厭世（除了法

國，哪還有國家會用「小小的死亡」來形容性高潮？）所以，就像加拿大朋友形容的一樣，魁北克就像是「充滿了不適合法國的法國人，因為那些人太快樂了」。談到「Joie de vivre」的時候，加拿大勝（抱歉了，法國）。

擁有安全感，讓我們更能享受人生

想要知道為什麼，首先就要來看加拿大的基礎建設。藉著高稅收，加拿大可以重新分配財富，減少財富不均，並且挹注資金做免費的健康保險、提供優良的教育──若你不小心跌倒，還有一張社會安全網可以接住你。這裡的宗教包容度很高，加拿大也是歐洲以外第一個同性婚姻合法化的國家。加拿大對女性很友善，也有很好的育嬰假制度。杜魯道總理在位時還做了一件很有名的事，他組了一個性別平等的內閣，因為「都已經 2015 年了」！

「住在這裡真的很安全，」梅蘭妮說：「犯罪率極低，槍枝管制也很嚴格，所以我們在這裡可以自在過生活，不用擔心忽然中槍。」對很多人來說，這好像是件沒什麼大不了的事，也視之為理所當然。但是身為美國的鄰國，一般家庭中沒有槍枝是一件很特殊的事。「在加拿大，我們不會感到害怕，也就是說，我們更能享受人生。」梅蘭妮說。

來自蒙特婁的布萊德也認同：「我在凌晨三點也可以到處亂走，不會害怕──我甚至不記得上一次看到有人發脾氣是什麼時候。與人起衝突和當眾發飆？在這裡幾乎沒有聽說過。」

包容多元文化、頌揚差異性

多元性是個關鍵，加拿大一直以來都很重視包容。2015 年，杜魯道還親自到機場迎接敘利亞的難民，幫忙發送保暖的冬衣。多元文化主義常被認為是加拿大最大的成就，懂得頌揚差異性是加拿大的一大特點。「我們沒有美國人那麼個人主義，」梅蘭妮說：「和睦對我們來說很重要，所以我們希望，每個人在這裡都能有被接受的感覺。」

蒙特婁麥基爾大學（McGill University）的研究員發現，有社群歸屬感的人，在生活滿意度調查上的分數較高。不同於「大熔爐」模型，加拿大希望不同的種族可以保有自己的特色。梅蘭妮說：「我們就是一幅『文化的鑲嵌藝術』，身為多元社群的一分子，對多數加拿大人來說是一件正向、積極的事，因為這可以帶來『生活的喜悅』。」

渥太華（Ottawa）出生的哲學家約翰・索羅（John Ralston Saul）將加拿大形容為一個「柔軟的國家」，跟其他脆弱的父系國家相比（對，就是在說美國），加拿大在國民認同上很有彈性。索羅認為加拿大人的想法，深受第一民族（First Nations，加拿大原住民）平等觀念影響，所以偏好溝通，不喜暴力（加拿大人討厭起衝突）。與其抹煞原住民的價值觀，加拿大反而選擇兼容並蓄。

當然，這之中還是存在各種挑戰，就像加拿大歌手艾薇兒（Avril Lavigne）的歌名一樣，這很「複雜」（complicated）。有人不贊同杜魯道，因為他同意

建商在第一民族的土地、漁場上牽油管，儘管有很多原住民同意讓油管通過。在加拿大境內，目前共有六百三十四個第一民族政府機構。加拿大也是種族、文化相當多元的國家，而這都要拜大規模的移民之賜。「多數加拿大人認為這是好事，」梅蘭妮說：「因為我們每個人都可以從不同的想法、意見中獲益。」從商業的角度來看也很合理，加拿大成功挺過了 2008 年的全球金融危機，就是因為多元的銀行體系，替加拿大奠定了穩固的根基。

「與其他國家相比，加拿大非常與眾不同的一點就是，我們在危難時伸出援手的意願。」布萊德說。他解釋，強大的社群意識加上個人主義，造就了高度信任，還不需犧牲隱私。也就是說，加拿大人會替你開門——在你看起來迷失的時候會主動協助，在你需要的時候出手相助——在做這些事情的時候，加拿大人同時又很愉快、熱情。

包容、禮儀，讓加拿大人更快樂

加拿大人有禮貌到讓人起雞皮疙瘩。我有個加拿大朋友，在過去整整一年的時間，我先生每次碰到他都跟他講同一個故事。我們的孩子上同一間幼稚園，

我們兩家的距離只有十分鐘，他的老婆和我一樣喜歡西班牙卡瓦氣泡酒，都在學立槳衝浪，也就是說我們很常見面，但是加拿大先生真的好有禮貌，他從來不曾打斷我先生說話，然後大吼：「我聽夠了！我知道那時冷到連海峽都結凍了！你每見到我都要說一次！我們的孩子上同一間幼稚園，我們兩家的距離只有十分鐘，你老婆跟我老婆都喜歡西班牙卡瓦氣泡酒，都學立槳衝浪！」反之，加拿大先生會微微笑，好像聽得煞有其事一樣，挑起眉毛，然後做出令人愉快的恰當回應，說這故事很「不可思議」。屢試不爽。

「我們很尊重別人，」梅蘭妮說：「所以我們不會為了點小事就給你難看，我們寧可順著你，讓大家開開心心。」魁北克的人很擅長讓「大家開開心心」。「一群人聚在一起晚餐，你很容易就可以認出魁北克人，因為他們喝了酒就會變得很大聲，」梅蘭妮說：「大概是我們體內的歐洲人在作祟吧，我猜。我們真的很懂享受生活。」

參與社群活動，提升幸福感

雷格爾民調公司（Leger data，加拿大規模最大的民調、研究機構）對魁北克人和其他地區的加拿大人進行調查，結果發現「Joie de vivre」在魁北克是名列前茅的價值觀，在其他地區則排名第四。「我們喜歡派對，也從與人相處中得到很多歡樂，」梅蘭妮說：「我們經常出門，就算是有小孩、有忙碌的工作也一樣，我們會常常到附近的餐廳吃飯，嘗試不同料理，夏天也會參加節慶活動。」

蒙特婁是眾所皆知的節慶之城，一年當中有超過八十個慶典活動，像是爵士音樂會、煙火表演、賞花和電影節等等。參加社群活動以及定期、固定的慶祝節目，可以增添幸福、提升歸屬感，這兩種感受在加拿大快樂和「Joie de vivre」的概念中，都扮演著很重要的角色。

到戶外活動，實踐「生活的喜悅」

「我們也很喜歡戶外活動，四季分明的氣候讓我們可以享受各種不同的活動，像是滑雪、爬山和騎單車，所以我們的生活很健康、快樂。」梅蘭妮說。哈佛大學指出，豐富的戶外活動除了可以促進腦內啡釋放，對心理健康也很有助益。而好好欣賞周遭的自然環境，就是實踐「Joie de vivre」最好的例子。

加拿大人碰到某些體育活動絕對會心跳加速，沒有什麼比一場精彩的曲棍球賽更讓他們開心了。冰上曲棍球的起源地是蒙特婁，第一場室內賽 1875 年開打，從那時起，加拿大人就迷上了冰上曲棍。「我們真的很愛曲棍球。」我問起加拿大刻板印象時，梅蘭妮這麼說。加拿大人對這項運動真的很狂熱，班機有時甚至會為了重要比賽而延誤起飛，因為乘客堅持要在電視上看到誰贏了才要登機。球賽也成了與彼此熱絡的方法、成了茶水間的話題，不管你支持哪一隊——光是提到曲棍球一詞，加拿大人的臉上就會露出笑容。

另外一項讓加拿大人為之瘋狂的「廣義」運動，則是在獨木舟上做愛。

「知道怎麼在獨木舟上『做』的人，就是加拿大人。」已故加拿大作家社會觀察家皮耶・伯頓（Pierre Berton）說。雖然究竟有多少加拿大人實際在獨木舟上做過，並沒有相關統計數據，但是顯然這是很多人死前必須完成的一件事。所以說，加拿大人喜歡追求私密的刺激、很有禮貌、很包容，還有他們有杜魯道。

能住在魁北克，布萊德「開心到了極點」，他說他短期內不打算搬離他的加拿大「避難所」。布萊德是很清楚自己人生目標的人，他認真工作、認真玩樂。他的電子郵件簽名檔很棒，希望可以在工作與生活間達到平衡的人，都應該要立刻抄來用。他這樣寫：

Cheers！*布萊德
註：我只有在週間中午 12:30 還有下午 6:30 會收信。

我們都需要多向布萊德學習，也需要對別人好一點、更積極一點，把更多時間花在和愛人相聚的歡樂時光裡。「這些都是簡單的小事，但可以讓我們更快樂，」梅蘭妮說：「正面、包容的心態就是『Joie de vivre』的關鍵。」沒有人知道死後會怎麼樣，所以我們都應該努力在活著的時候，好好享受人生，就從現在開始！

*譯註：可用來表示感謝或道別

如何效法加拿大人
找到你的「Joie de vivre」，生活的喜悅？

1
請有禮貌一點。

謝謝。

2
工作、生活之間的平衡，一定不能妥協

（趕快換掉你的電子郵件簽名檔）。

3
走出戶外、動動身體。

提醒自己人類多美妙，大自然真的非常美好。

4
填滿行事曆，和親朋好友、同事熱絡往來，

是加拿大人幸福的祕訣之一。

5
打開你的社交圈，歡迎新朋友，擁抱多元。

不同的聲音可以讓我們每個人都有所收穫。

6
還是需要打氣嗎？搜尋「賈斯丁·杜魯道競選廣告」，

可以看到他勇敢地用「加拿大政治假髮」（Canadian political hair）開自己玩笑。

或是搜尋我個人在緊急情況時會搜尋的關鍵字「杜魯道刺青」（Justin Trudeau tattoo）

XINGFU

幸福

◆

　　幸福，名詞，指「高興的狀態」。「幸」就是「幸運」，「福」
則是擁有的剛好夠用，或是擁有你生命中需要的一切。幸福
的英文通常譯為「happiness」（快樂），但其實幸福指的不是
好心情，而是富足、永續、有意義的好生活。幸福一詞源自於
漢朝──西元前206年～西元220年，中國第二個帝制朝代。

CHINA

中國

阿偉放下畫筆，推了推鼻梁上的眼鏡，退後一步審視自己的作品——一大疊白紙上，有一系列精準控制下畫出的粗黑線條。這幅現代中國書畫（阿偉稱之為「線條創作」）不但美麗，還發人深省。作畫就是阿偉的幸福。

幸福是更深層的快樂

「幸福是一種意義，或可以說是一種目的——它是更深層的『快樂』。」阿偉一邊解釋一邊把手掌按在胸口，神奇的是，他的中式衣領黑襯衫上竟沒有因此沾到顏料。很多國家都有描述愉悅或短暫快樂的相關詞語，但是幸福是一種「人生的狀態」，阿偉這樣形容。某個週一，我們在鎮上老紡織廠改建的創作者工作空間相遇，阿偉告訴我，他的幸福就是離開中國，到丹麥讀設計學校。他現在在丹麥工作、生活。

「我希望在工作中可以得到創作的成就感，我感覺自己在中國好像少了什麼。」所以選擇丹麥？要繳那麼多稅？他笑笑地說：「物質不能帶來幸福感。當然，幸福不是免費的——至少要有錢買食物、付房租。而且我還需要買顏料。」阿偉指指裝滿了亮晃晃黑漆的鐵桶，我好怕自己不小心踢倒。他補充說：「但是在這裡，我才能活出我的意義。」研究指出，「目標感」可以讓我們更快樂，倫敦學院大學（University College London）的學者也發現：擁有目標可以更長壽。

幸福是一個古老的概念，這裡面蘊含著一套中國特有的價值觀。要了解幸福一詞在中文的原始意義，我請教了深圳的約翰，他是專家。約翰是中國傳統書法家，他不只人很好，還很有耐心，願意用古人說文解字的方式，拆解幸福這兩個中文字的意義。「『幸』其實帶有折磨的意思。」他說。每個人都偶爾

會感覺飽受折磨，但約翰說的就是字面的意思：「幸這個字就代表折磨，也可以說是某種懲罰——起源之一的甲骨文形象就是放在腦袋上、脖子上或腳上的枷鎖。其延伸意為，若皇帝或是有權勢的人放你一馬，讓你免受苦行，你就是個幸運的人。所以『幸』這個字逐漸演變為『好運』的意思。」

「福」這個字，則是由三個意象組成的：「左邊是衣服，右上角是口，代表食物，下面是田，代表田地。所以福是只要你有足夠的食物、衣物和田地，就可以活下去的意思。」這個字要跟另一個逃過一劫就很幸運的字搭配在一起？「正是！」我好像總算有點搞懂了，約翰看起來很欣慰：「幸福就是擁有你需要的東西，或是擁有生活必須的元素，再加上一些好運——因為有些事不在我們掌控之中。」約翰說。這是「長遠」的幸福觀——人生有一帆風順的時候，但也不會一直順利下去，因此，重點在於宏觀的發展。

幸福＝你擁有的東西÷你想要的東西

幸福這種長遠的概念和「開心」或「快樂」這類中文詞彙不一樣，這些詞彙指的是稍縱即逝的歡欣感或是短暫的興奮。「幸福」比較不會大起大落，比較像是為期八十年的旅程，如果我們「有幸」可以活八十年的話。雖說我們可以思考自己的幸福是什麼，但是我們無法追求自己的幸福。「你無法追尋幸福，因為幸福是身外之物。」阿偉說。

所以，我們若要幸福，就需要基本的經濟能力來維生（有足夠的錢買顏料）、需要跟別人建立良好的關係，但這裡面還是存在一些變數，例如慾望。「你也許已經達成了你的目標，卻仍不覺得自己過著幸福人生，因為人的慾望會越來越大。」或如約翰所言：「幸福是你擁有的東西除以你想要的東西。」

　　約翰解釋得很清楚：如果你是百萬富翁，但你想當億萬富翁，你就不會快樂。你的幸福包含合理的物質財產還有務實的期待，不能太高也不能太低。這就是為什麼幸福一定要「由內而外」，要先發自內心珍惜我們所擁有的。

　　從歷史上來看，一個人的幸福其實相對簡單，因為只要有基本的收入，就可以滿足生活上的需要，你也能有空閒時間來思考、感受、沉思生活的意義。「傳統的中國父母希望你能吃得好、找份穩定的工作、有段好婚姻，生孩、買房，就這樣而已，這樣就夠了。」阿偉說。

受儒、道、佛影響的中國式幸福

　　阿偉說，中國人對快樂的觀念和看法受傳統三教影響：儒、道、佛。孔子（西元前 551 年～西元前 479 年）是中國的教師、政治家、哲學家，他強調人文精神、傳授知識，且認為每個人都要走在對全人類有益的道路上。相較之下，道家強調的是簡單、自然萬物的順序，以及陰陽——把世界看成一組組相對卻又互補的力量。當然還有佛教，跟隨佛祖的教訓，終結「來世的痛苦，並藉著看見生命的真實面貌來獲得智慧。」阿偉說。

　　我跟他說，要在這各種不同的抽象概念中長大好辛苦，他沉重地點點頭，忽然看起來很疲憊的樣子，好似古老的智慧一會兒全壓在他身上了，然後他調整了一下眼鏡說：「至少傳統上是這樣啦。」因為時代改變了。

　　「舊中國殞落，新中國崛起，很多人都想要出類拔萃，總是想著還要『更多』。」阿偉說。這對中國人的幸福一點幫助都沒有。「中國有很多很好的傳

統價值，但是文化大革命抹滅了這些傳統。」文革造成許多傷亡，估計有三千萬人身亡。「文革之前有很多不好的事，但是除了失去的那些生命之外，大家也開始意識到，我們失去了一些很重要的價值觀。在今天的中國，許多人的幸福岌岌可危。」

阿偉每次回老家，總看他朋友因為想要「更多」而庸庸碌碌地工作著，他們根本不會停下來思考什麼能帶給自己成就感。「他們不會去思考自己的目標。」他說。嚴重的通貨膨脹，反映在房地產價格上尤其嚴重，這代表，對父母那一輩是再正常不過的買房基本需求（他們的幸福的一部分），對很多人來說已經變得遙不可及了（在其他首都也一樣）。阿偉說：「北京房價非常高，搞不好掙一輩子錢都掙不到。」

回歸簡單，定義自己的幸福

但是，還是有希望。現在買房對很多人來說難如登天，所以他們反而開始回歸簡單生活。「這改變很緩慢，不過中國已經比過去更能接受新想法了。年輕人四處旅遊，到世界各地增廣見聞，見證不同的生活方式。」在阿偉看來，這是好事：「我們可能可以重新找回平衡，年輕一代的中國人也許可以重新建立價值觀，找到他們的幸福。」上海的尤蘭達跟我說，她的成長環境告訴她，要有好的生活，她就必須有傑出的學業表現，這樣才能找到好工作、買房、成家，才能「快樂」，但是對她兒子來說，一切已經不同了。

「我們都想要和大家一樣，但現在的年輕人卻想要有自己的特色，想要與眾不同，他們不想聽從父母或老師的指示，而是想挑戰，希望自己的聲音被聽見。」她說。這就是說，下一代的孩子比較能夠不顧父母或社會的期望，去尋找他們自己的幸福。

憐憫、充滿靈性的幸福觀

回到阿偉的工作室，我倆一起盯著他的最新作品瞧──一張超大幅的畫作，極粗的曲線尾端轉成有稜有角的線條，一氣呵成。不知怎麼，這幅畫給了我一種和諧的感覺。我問他這幅畫代表什麼。他反問我：「妳覺得這代表什麼？」我告訴他我喜歡有說明卡的藝術品，他告訴我他的藝術沒有說明卡。對，阿偉就是這樣充滿禪意。

在跟他聊過、開始對幸福有些了解之後，我感覺被療癒了，很奇妙。那一天我的孩子大吐、我和老公為了咖啡大吵一架（不是享用美味咖啡的時候吵了一架，是真的為咖啡本身而吵架），然後 iPhone 的手機螢幕又被我摔爛了，但在經過這些事之後，我竟然感到非常正面。現在我正看著一堆我看不懂的形狀跟圖樣，卻感覺到此生未曾有過的寧靜。彷彿阿偉透過他的畫作，把他那異於常人的寧靜傳遞了給我。

我準備起身離開時，阿偉和我分享了一小段佛祖的智慧：「要對自己已經擁有的感到快樂。要慷慨、要憐憫、要包容、要有靈性、要找出屬於自己的意義──進而找到屬於自己的快樂。這就是幸福。」聽完這番話，我輕輕的吐出一口氣。

如何體驗中國式「幸福」？

1

像阿偉一樣做點什麼，塗塗抹抹，或畫畫，或做點園藝。
做些讓自己可以感受、體驗，不需要思考、分析的事。
人類的左腦負責處理與邏輯有關的事物，
右腦則負責創作和藝術——今晚就讓左腦好好休息吧。

2

找到你內心的西藏僧侶，
去山裡尋求寧靜，單純地「存在」著。

3

當你準備好要左腦再度開機時，想想自己想要什麼。
不是你想要的東西，而是你想要的生活。
現在，寫下達成目標所需要的步驟，展開這趟旅程。這就是你的幸福。

PURA VIDA

純粹人生

　　Pura Vida，意思是「純粹人生」，不管周遭環境多糟，都要保持樂觀、快樂。Pura Vida是哥斯大黎加還有哥斯大黎加人的代名詞。Pura Vida可以用來打招呼，「嗨，你Pura Vida了嗎?」；道別，「見到你真好，Pura Vida!」；感激，「真是Pura Vida!」。這也是句生活勵志格言，此片語源自1956年一部叫《純粹人生》（Pura Vida）的墨西哥電影，電影在哥斯大黎加上映後，「Pura Vida」隨之成為哥國的非官方座右銘。

COSTA RICA

哥斯大黎加

靜止的海洋就像是一面鏡子，日落的景色看起來好像是畫上去的；白沙和迷你小螃蟹閃閃發光，螃蟹則是小到可以站在你的指尖上。繽紛的花朵和夏季微風透著香氣——這就是哥斯大黎加，這就是「Pura Vida」（純粹人生）。

「這個地方、這般景色、這種心境……這就是種純粹的快樂。」來自聖荷西（San José）的朋友安娜說，安娜是我在丹麥的鄰居，她最近過得不怎樣，但是她一講到家鄉，眼睛就亮了起來。「Pura Vida 的意思就是一切都好。」她告訴我，接著她描述起上次返鄉的經驗，那裡總是陽光普照，而她感覺自己好像擁有全世界的時間，可以享受這一切。

她也告訴我，在她的家鄉，早上可以在海灘喝著超讚的咖啡，下午可以去樹林裡散步，看看猴子、金剛鸚鵡、中美貘還有樹蛙。我決定了，我們全搬到哥斯大黎加吧，立刻。或是至少規劃個《尋找全球幸福關鍵字》實地考察之旅。我還發現中美洲的國家擁有世界最豐富的物種，共有五十萬種特有植物和野生動物——哥斯大黎加政府還打算把四分之一的國土規劃為保育區，藉此增加動植物數目。哥斯大黎加人也很有環保意識，自 2015 年起，哥國 99% 的電力都是由再生能源提供。

住在「藍色慢活區」的哥斯大黎加人

「我們也挺健康的。我們有好多新鮮食物，而且我們一天到晚都在戶外，每個人都會游泳、衝浪、爬山——我們精力充沛。」安娜說。因為這種乾淨的生活型態和運動的習慣，比起其他較富裕的國家，哥斯大黎加人的幸福程度還更高。哥斯大黎加人位在「藍色慢活區」（blue zone）內——藍色慢活區是一種人類學的概念，用來形容世界上最長壽的區域。位於此區的國家，其環境以及居民的特

性也與其他地方有所不同。「不過講真的,我們這樣做是因為,好好照顧自己,就會比較健康,也就會比較快樂,」安娜說:「這就是 Pura Vida。」

他們還很聰明。哥斯大黎加相當重視教育,1869 年起,哥國就有義務教育。從國民生產總額來看,哥國在教育與健康上的投資,比大多數經濟合作與發展組織(OECD)成員國還要多,連英國都不能比。根據《哈佛商業評論》,要更健康,甚至是要有更好的社交生活,終生學習是可以產生影響的。而若說有什麼事能讓哥斯大黎加人認真,那就是社交生活。親密的家庭關係以及與朋友經常相聚,在各種不同的幸福指數中都是重要指標,而 Pura Vida 就是要你一天到晚見朋友。

週日是「祖母日」,看看祖母和家人吧!

「每個人在工作之餘都有自己的生活,」安娜說:「不管你是誰,對哥斯大黎加人來說,與你愛的人見面非常重要。」在哥國,週日是「祖母日」,所有人都會回家看看祖母(不管你喜不喜歡她),家人若不在身旁則會與朋友相聚,因為這也有家的感覺。「朋友就是我們自選的家人,」安娜說:「在哥斯大黎加,每個人都很友善。」她還告訴我,哥斯大黎加人第一次見到你就會跟你交談,會對你很好。「若有機會見第二次,我們就會抱抱你,還會計畫下一次見面,聊天的內容也會開始很深入,差不多這時起,我們就會變成一輩子的好友了。」

安娜告訴我,她上次回「家」是幾個禮拜前,那時她傳了訊息給一位以前的老師,她也不知道老師會不會回,但是她很願意主動聯絡她(因為在哥斯大黎加,老師備受敬重)。「我一直很喜歡她,不過我們 25 年沒有聯絡了,」安娜對我說:「但是老師還記得我,還說:『噢!我們得見個面!』」於是她們見面了,還一起吃了晚飯,然後老師邀請安娜隔天來參加她的生日會,還堅持安娜下次若再到她的城鎮,一定要住她家。「這其實一點都不奇怪,」安娜說,「在哥斯大黎加,

我們一旦與人建立起關係，不論多久沒見到彼此，如果我喜歡你，我就願意打開家門接待你。」

「Pura Vida」要你多多敞開心胸，許多北歐人可能會很不習慣這種敞開的程度。「意思就是：我們愛你，不論如何我們都會在你身邊。」安娜說。哥斯大黎加人擁有無血緣關係的大家庭，而家人間也願意禍福與共。「知道你有很多家人般的朋友、知道他們會為你赴湯蹈火，這感覺很好。」安娜說，我相信這是真的。

「這是拉丁美洲人的特質，」安娜解釋道：「我們有著熱情的血脈！」安娜手舞足蹈地說著。然後她好像忽然想起我們現在在丹麥，正坐在北歐極簡的開放式共同工作空間，她稍微收斂了一點，壓低音量補充了一句：「我們在哥斯大黎加不懂得收斂，我們不會刻意含蓄，所以對北歐人來說……」她停在這裡，然後下了個得體的結論：「不如就說，哥斯大黎加的生活比其他地方吵鬧、比較快樂、比較放鬆吧。」

嘗試過個「哥斯大黎加時間」

有人說，拉丁美洲人不是「走過一生」，而是「舞動人生」，哥斯大黎加人也不例外。「這樣超棒啊，」安娜說：「不過有些場合，跳舞不太恰當就是了。」她繼續向我解釋，將 Pura Vida 運用在工作上，對哥斯大黎加人不一定有幫助。「我們沒有什麼紀律，而且『哥斯大黎加時間』惡名昭彰……」遲到兩小時是常態，外國人很容易因此而抓狂，但是哥斯大黎加人不覺得拖拖拉拉會不尊重對方，因為他們真的放太鬆了，鬆到不會想到要看時鐘！「哥斯大黎加人對此甚至有點引以為傲，」安娜說：「很多人認為這就是我們的魅力──我們有自己的時間！」

　　哥國也有一些嚴重的問題，像是 20% 的人生活在貧窮之中，年輕人的失業率一直在 25% 上下。哥斯大黎加首都聖荷西，是拉丁美洲空氣污染最嚴重的城市之一，雖然哥國追求環境保育總是不遺餘力。「這裡的馬路很糟，在哥斯大黎加開車就像在玩極限運動一樣，」安娜說：「但是我們也不會想要改變什麼，因為我們放太鬆了。我們只會想：就是這樣啊。」

　　哥斯大黎加的主要宗教是天主教，「我想這跟 Pura Vida 為什麼這麼為人稱頌，還有我們為什麼對很多事情都很放鬆有關。」安娜說：「這背後的概念是，『會發生的就會發生』或是『上帝已經安排好了』，所以不管我們怎麼做，都不會有影響。」不過在某些議題上，哥斯大黎加人又願意挺身而出。

快樂又叛逆的拉丁美洲人

　　雖說哥國人總是輕鬆、自在，但是他們對於自己想成為怎樣的人卻非常清楚，他們常被稱為「快樂又叛逆的拉丁美洲人」。1948 年，當時的哥斯大黎加總統——著名的和平主義者——荷西‧費蓋雷斯（José Figueres）宣布解散軍隊，因為他認為政府的錢應該花在教育、健康和生態旅遊上。他是對的。

　　從 1949 年到今天，哥斯大黎加一直享受著和平的多黨民主政治、擁有高識字率，以及幾乎普及全民的健康保險，還有欣欣向榮的生態環境，吸引數百萬來自世界各地的遊客。解散軍隊對當地人民也有很顯著的影響，他們看待世界的角度改變了，解決衝突的方式也變了。「作為一個沒有軍隊的國家公民，我感到驕傲，」安娜告訴我：「這讓我們感覺，我們可以藉由民主和協商，來達成目標。」

　　Pura Vida 在於快樂，在於享受人生，所以你需要放

輕鬆、不要太過緊繃。當朋友遇到麻煩，或是當他們沒辦法過「純粹的生活」，哥國人內心的拉丁人就會憤怒。「若有人威脅奪去朋友的自由或純粹生活，抱歉，無法接受。」安娜說。忠誠就要採取行動，如有需要，平常與世無爭的哥斯大黎加人會跳下吊床，奮力抵抗。

像是 2018 年 4 月的選舉，卡洛斯・奎沙達（Carlos Alvarado Quesada）得到了異常多的選票，獲得壓倒性的勝利，擊敗了對社會採保守政策、右翼的法布里西歐・穆尼奧斯（Fabricio Alvarado Muñoz）──當時他還提出反對同性婚姻的政策。「我們的隨和眾所皆知，但是當我們察覺事情不太對勁時，便會採取行動。」安娜說。擁有人生目標和意義是幸福的兩個關鍵指標，而 Pura Vida 的核心精神之一「強烈忠誠情操」，也使得哥斯大黎加人快樂。

哥斯大黎加式的幸福感

瀟灑的與世無爭態度以及對家庭的重視（親人家庭或朋友家庭皆然），再加上整年都可以沐浴在特殊的自然環境中，帶給了哥斯大黎加人純粹的喜悅──也就是「Pura Vida」。這很像亞里斯多德提出的「Eudaimonia」，Eudaimonia 最貼切的解釋就是「成就感」，或是一種「感到滿足的狀態」，基本上就是健康、快樂的意思。當代科學家稱這類的快樂為「感受到的快樂或是正面的情感」，或其實就如同安娜所言：「在哥斯大黎加，人們不怎麼把快樂掛在嘴邊，我們直接活出快樂。」

Pura Vida 基本上就是「無憂無慮」的過每一天＋社會良知＋生態尊嚴，共同煉成的完美產物。雖然我們不可能全搬到充滿陽光、樹蛙、烏龜，還有寵愛我們的老師的國度，但我們還是可以師法 Pura Vida，不論身在何方。

如何體驗「Pura Vida」，純粹人生？

1

試著多放鬆一點。說的比做的容易，對吧？
花時間和你覺得最放鬆、最自在的人相處。
坐下來，讓他們告訴你他們的祕密。

2

享受戶外，沉浸在周遭的環境之中。
沒有樹蛙？沒問題，
我知道你附近一定有有趣的金龜子
或至少有隻螞蟻能讓你大感驚奇。

3

考慮使用「哥斯大黎加時間」，
嘗試不一直看時鐘會給你帶來怎樣的感受，
不過最好不要在工作日嘗試。

4

照顧朋友，為他們挺身而出。
先保持冷靜，待時機成熟方可火力全開，
因為Pura Vida是屬於每一個人的。

ARBEJDSGLÆDE

快樂工作

　　Arbejdsglæde（發音：ah-bides-glull），名詞，丹麥人工作態度的精華。丹麥語的「arbejde」是「工作」，「glæde」是「快樂」，所以Arbejdsglæde的意思就是「快樂工作」——在北歐，這是幸福生活的關鍵。有趣的是，只有北歐語言中有這個詞，Arbejdsglæde的概念在世界其他地方並不存在。

DENMARK

丹麥

我的鄰居拉斯是個四十多歲的老師，有著一頭漂亮的銀髮，還有看起來只有實際年齡一半的那種潮男氣質。拉斯「表面上」有全職工作，但是每天早上九點到下午三點之間，不論晴雨，他都會找個時間出去長跑，跑完還會在前門階梯拉筋，然後犒賞自己一根菸，一邊看著世界運轉。

我會知道是因為我的工作桌放在客廳，我每天都邊工作邊看著「世界以及拉斯運轉」。每到冬天，常可以看到拉斯在街上拿雪球丟經過的路人，拉斯就是這樣的一個人。夏天的時候，他幾乎每天都會伸手到我家院子撿飛盤。拉斯很喜歡他的工作，也把工作和生活安排得很好，非常平衡的一個人。

我們剛搬到他隔壁時，我以為拉斯是特例，一般人不是這樣生活的。但後來我認識了住在我們家另一側的鄰居麥茲和梅特，才知道他們兩個也做著自己喜歡的工作，工作性質也很耗時費神。但是……每個週二早晨十點半，他們兩個都會回到家，神清氣爽又寧靜的樣子，腋下夾著瑜伽墊——他們剛上完「情侶瑜伽」。麥茲從院子圍籬的另一側開心地向我揮揮手，跟我報告他的下犬式練習進度，然後告訴我他報了一門晚上的騷莎舞蹈課。他倆有三個小孩，還有忙碌的社交生活。他們的職務在其他國家一定是忙到爆炸，但是這兩個人卻好像一天到晚都在烤肉跟修剪花木。

丹麥人的生活平衡法

在此向您介紹丹麥風的工作生活平衡法，還有 Arbejdsglæde 這門神聖的藝術。「多數丹麥人都認為上班可以是快樂的。」我朋友卡芮娜告訴我。「你這輩子花這麼多時間在工作，那幹麼不享受工作。」Arbejdsglæde 就是享受朝九晚五

這段時間（在丹麥的話是朝八晚三點多）。丹麥人享受工作是因為他們受教育不用花錢，十八歲後政府甚至還付錢給你，讓你繼續受教育——這樣就有更多人可以在自己喜歡的領域受訓、找到相關工作。丹麥擁有極高的稅徵，因此大多數人的主要工作動機並不是金錢，所以他們可以選擇自己真正喜歡的工作。

雖然丹麥政府官方規定的每週工時是 37 小時，經濟合作與發展組織（OECD）近期的數據卻顯示，丹麥人平均每週只工作 33 小時。丹麥的「假日法」（大家最喜歡的法）規定員工每年有五週的有薪假，在這之外還有無數個國定假日、進修假、國慶活動假日，丹麥人想得出來的假都放了。我算過，他們總共有十三種例假，甚至連難以定義的「一般祈禱日」都是正當休假（就是不特別針對什麼事的那種祈禱）——所以，丹麥人每幾週就有一天可以放假休息。

北歐「洋特法則」下的生活哲學

在丹麥，等到好不容易進了辦公室，工作起來也很輕鬆。丹麥辦公室是個令人舒服的地方，沒有什麼階級制度，大家都以平等的身分一起工作，一起完成共同的目標。這是因為北歐大部分地區仍遵守著「洋特法則」（Jante Law）——這是丹麥／挪威作家阿克塞爾・桑德摩斯（Aksel Sandemose）在 1933 年寫的小說《穿過自己足跡的避難者》（A Fugitive Crosses his Tracks）中，列出的十條生活準則。

法則第一條大致可以譯為「不要認為你有什麼特別」，接下來的九條基本上就是第一條的換句話說，希望這樣你一路讀到第十條的時候，可以沒有任何誤解，清楚明白個人成就對北歐的社會主義原則是一種侮辱，還有「炫耀等於謀

殺」。其實這基本上就是叫你「不要過猶不及」的一份宣言，但是丹麥人、瑞典人還有挪威人照單全收了。

丹麥人穿衣服一般都不會太正式，在丹麥也不會看到什麼人打領帶。公司執行長在茶水間和清潔工聊天，也是很常見的事，還可以看到財務長在午餐時間排在櫃檯人員後面，等著輪到她點餐。跟老闆對質或挑戰同事都是可以接受的，而且卡瑞娜還告訴我：「若有話要說，我就會直說，對誰都一樣。」

丹麥從學校教育開始就沒有什麼階級觀念，學童會直呼老師的名字，就像在叫平輩一樣，有時還會故意小聲喊老師名字，挑戰老師權威。「你對某件事有看法，當然一定要告訴老師。」卡瑞娜說這話時的口氣，好像如果你不這麼做，你就是個傻蛋。「丹麥人從出生那一刻起，就有什麼說什麼。」這是真的，卡瑞娜確實有什麼說什麼。丹麥人全都是這樣。

丹麥人的彈性工作制

丹麥人喜歡尋求共識，所以每個人都有發表言論的機會，也就是說，所有人在工作時都覺得自己握有權力，能夠提供一己之見，影響每一個決定。對於手邊的工作，他們也有一定程度的自主權，只要能完成工作，通常不會有人管

你是怎麼完成、在哪裡完成或是什麼時候完成的（所以才有人可以早上上瑜伽、下午玩飛盤）。「公司信任我可以做好工作，所以會放手讓我自己想辦法完成。我可以管理好自己的工作，沒有人會說『妳早上八點整要進辦公室』。」所以，丹麥人可能從早上七點工作到下午三點，晚上再做點事，或是某天早上直接翹班。「有時可能真的需

要離開辦公室幾個小時，」卡瑞娜說：「所以我會寫在月曆上知會同事，但我不需要任何人准假，就自己走了。」這聽起來有點極端，但在丹麥卻司空見慣。

「Arbejdsglæde 的意思就是，你可以隨心所欲照著你的個人生活來安排你的工作，這樣壓力會小很多，也絕對能讓我們更快樂。」卡瑞娜說。午餐時間還在辦公室的人一定得吃午飯，沒得商量，同事會分享食物，大家一起坐在公司的用餐區吃飯。吃飽後通常還會有個蛋糕。

在丹麥，壽星會自己帶蛋糕與同事分享，而同事則會在壽星桌上插滿丹麥國旗做裝飾。當你發現你的工作桌被丹麥國旗占領了的時候（插的一定是丹麥國旗，不管你是哪國人），同事就會開始同聲唱起歌來，唱完就開始閒聊，聊著聊著就快下班了。丹麥的工作文化不像其他地方一樣追求全勤，如果你在丹麥工作到晚上七點，大概會被說是沒有效率或是時間管理出了問題），反而不會得到讚賞。所以一到下午四點，大家都關電腦下班了。

彈性工時能提高效率、工作滿意度

「有了這種彈性，我在工作的時候反而更有動力、更專心。」卡瑞娜說。她經歷過英國和澳洲的工作文化，「在丹麥工作，我能完成的事情更多，效率搞不好還提升了 20%。」丹麥人並非埋頭工作，而是聰明工作。當然職場還是會有壓力，但這壓力通常是因為丹麥人實在太習慣、太受 Arbejdsglæde 制約了：他們認為工作就應該要有彈性、要有成就感、要讓人開心，所以當事與願違，他們的警鈴就會大響，就必須採取行動，即刻救援。其他地方那種「過不去時，牙一咬就過了」，深怕老實承認自己心理層面的問題，會對自己的職業有負面影響——這種風氣在丹麥不存在。在丹麥，你會得到幫助，你可以放個六個月的假，六個月之後，辦公室也歡迎你回來。

丹麥社會福利舉世聞名，在你失意時可以給你一張合用、舒適的安全網，所以丟了飯碗不會是世界末日。「也就是說，你沒有什麼好擔心的，」卡瑞娜說：「你知道自己不會淪落街頭，你知道有人會照顧好你的健康，你也知道你的孩子可以受好的教育，一路讀到大學，費用由稅收支付。」大部分的人都能靠失業保險在失業後的兩年中，領到原薪的 90%，所以多數丹麥人都知道自己可以待業好一陣子，不會有事——這就是丹麥的「彈性安全」（flexicurity），因為這種彈性，公司要裁員相對比較容易，但是另一方面，丹麥也有很優渥的失業給付以及職業訓練課程，由政府（從龐大的稅收中）出資，幫助丹麥人找到下一份工作。

丹麥人在工作中要求喜悅、成就感

哥本哈根的雅各告訴我，丹麥人的工作很少「就只是一份工作」：我們希望可以在工作中成長。丹麥人在工作中也要求喜悅、成就感和動力，同時還要一個滋養人心的社交環境。「就是些小細節啦，例如每週五所有員工一起吃早餐、慶生或是慶祝紀念日；午餐時在餐廳跟同事聊天，或是早上在咖啡機旁碰到同事，這些都可以讓這一天更好過。」雅各說。如果有天工作環境不再有趣了呢？「理論上你可以辭職，不用太擔心下一個工作機會何時會來敲門。換句話說，大多數人只會留在能帶給他們歡樂和成就感的工作崗位，因為如果不然，幹麼不換工作或去學習新技能？」

一八〇〇年代起，丹麥就很注重終身學習，比起其他 OECD 國家，花了更多資金在技職教育上。在丹麥，就算你被解雇了，你也知道自己不會有事。一旦不再害怕被炒魷魚或是窮困潦倒，你就會變得更大膽，相當不可思議。玩具大廠樂高的管理階層

決定換掉咖啡供應時，丹麥總部出現了小暴動；丹麥最頂尖的啤酒廠嘉士伯（Carlsberg）高層決定不再「於工作時間供應啤酒」時，酒廠員工發起了罷工。雖然丹麥人期望很高，但這些期望也通常都會被滿足。

「我們知道自己很幸福。」卡瑞娜坦言，她住在國外的朋友，都很羨慕她接下來可以放十三週的假。等等，妳說啥？十三週？「嗯。」卡瑞娜告訴我，她和另一半在老二出生後有些育嬰假沒有用完，打算用這些假出去玩。她兒子現在已經四歲了，但是在丹麥，小孩九歲之前，父母都可以保留這五十二週的假期。妳同事不恨妳嗎？我實在忍不住問。「不會啊！我不在的時候大家會幫忙分攤、處理我的工作，換作是我也會幫他們。同事也相信我會照顧別人，在休假前先盡可能把該做的事情做完，也會挑比較不忙的日子放假。」

「重點是，在丹麥我們有選擇權，」她接著說：「而要過丹麥這種生活，Arbejdsglæde 是先決條件。」雖然挪威和瑞典也有這個詞，但是丹麥人在工作幸福的調查中屢屢奪冠。優興諮詢顧問公司（Universum）在 2016 年的「全球勞動力幸福指數」發現，在各國勞動力滿意度上，丹麥位居第一，其評量基準包含員工成就感、是否願意推薦現在的雇主以及短期內換工作的可能性。

奧爾堡大學（University of Aalborg）一項研究指出，70% 的丹麥人對「就算不需要這份薪水，也願意繼續工作」這項陳述感到「同意或非常同意」。根據世界競爭力年鑑，在工作動機上，丹麥也是第一。一開始我以為 Arbejdsglæde 會讓丹麥人在工作時變得超級懶散，但是我看了華威大學（University of Warwick）的研究後，發現當員工的心情正向積極時，工作效率可以提升 12%。員工快樂，才有工作動力，有工作動力才能有好的工作績效，才進而能留住人才。根據「專家市場」（Expert Market）研究機構的資料，丹麥是全世界生產力第四高的國家，Arbejdsglæde 功不可沒。也因為每週工時短，你可以有自己的生活，也可以有更多時間好好生活。

美好生活的關鍵：休閒

　　哲學家伯特蘭・羅素（Bertrand Russell）相信要有美好生活，「休閒」是不可或缺的元素，他把休閒時間形容為「靈魂甦醒」以及「創造文化」的時間。羅素認為，我們每天的工作時數只要夠滿足生活需求就可以了。這樣，每個人都可以有時間工作、休息、玩樂——丹麥人已成功達成了這個目標。所以，一到下午四點，丹麥人就已經在玩立槳衝浪、去合唱團唱歌、騎越野腳踏車，或是玩飛盤了。卯起來玩，在車水馬龍的街上玩。雅各有好多興趣——騎單車、玩皮艇、攝影、烹飪和烘焙——而他竟然還有時間工作，真是不可思議。

　　在認真工作和慰勞自己、好好玩樂之間得以平衡，再加上能支持這種生活型態的建設與文化，就是丹麥之所以在幸福排行榜上，總是居高不下的主因。用這種方法創造美好生活，非常特別又非常「eudaimonic」（心理幸福感）——重點是，很管用。所以，現在的我以快樂工作為優先，我會確保自己享受工作，時間到了就下班，不會有罪惡感，一有機會就到陽光下玩樂。只不過要小心飛盤就是了……

如何在生活中採用「Arbejdsglæde」精神
並樂在工作？

1
和老闆談談。
我們可能沒辦法改變工作環境的結構，
職場文化也不可能一夕之間就有所不同。但總可以試試。
跟主管說，如果給你多一點彈性，你就可以對公司有更多貢獻。
或是直接把這章拿給主管看。

2
如果你是老闆，那就找員工聊聊。
付諸行動，在每個人的Arbejde（工作）中
放入更多Glæde（快樂）。

3
重新調整朝九晚五的作息。
不論我們的環境如何，我們都是為了某種原因才工作，
通常是為了自己的幸福，或是別人的幸福。
工作不可能每天都快樂，但是工作一定還是有其意義、價值。
把這點寫在便利貼上，貼在顯眼的地方，常常提醒自己。

4
跟同事好好相處。
朋友可以讓時間走得更快，
在你痛苦卡關時也可以替你打氣。
能帶蛋糕來分享的同事更好了。

5
還是很討厭你的工作？
一邊進修，一邊想辦法找新工作吧。學習永遠不嫌晚。

JOLLY

英式快樂

Jolly，形容詞，意為樂觀或快樂，與一個人的舉止或心情有關。常與曲棍球棍連用為「Jolly hockey sticks」*，或是用來加強語氣如「a jolly good show」（一場快樂的好表演）。這個中古英語詞彙源自古法語的「Jolif」（漂亮一詞，「Joli」的前身）。喬叟（Geoffrey Chaucer）在《坎特伯雷故事集》（The Canterbury Tales）中曾使用此字。今天，Jolly一詞已內化成英國文化的一部分，不可分割。

*譯註：用來比喻英國上流女學生的談吐、舉止

ENGLAND

英國

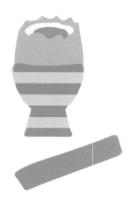

從水果磅蛋糕、遛狗、「閃電戰精神」（Blitz spirit），到英式水煮蛋配烤吐司條——英國人就喜歡讓他們感覺「Jolly」的一切事物。雖然這個詞被耶誕老人拿去用在美國的新年假期了，但是 Jolly 的精神還是非常英式。在任何一個詞的前面加上「Jolly」，你的談吐就會很像四〇年代英國女子空軍輔助部隊（WAAF）的隊員，或是佩勒姆・伍德豪斯（P. G. Wodehouse）小說中的角色。

Jolly 很常被用來加強讚賞語氣，例如：「a jolly good fellow」（一個 Jolly 的好人）或「a jolly fun night」（一個 Jolly 的有趣夜晚），而「a jolly good show」（一場 Jolly 的好表演）是用來表達某句話或某件事說得很好或做得很好。「Jolly hockey sticks」（快樂的曲棍球棍），這詭異的片語則是在描繪英國公立學校中熱情的運動型女學生，由貝莉爾・里德（Beryl Reid）創於五〇年代的廣播節目《教育阿奇》（Educating Archie，介紹有趣小知識的節目）。

Jolly 和英國多數事物一樣，也帶著濃濃的階級感。在現代社會中，大聲說出這個詞的人大多是上流社會的一份子，但是對於 Jolly 的感受則是不分階層。

Jolly 是一種近乎神聖的快樂

「Jolly」傳遞的是一種英式的快樂，對一般英國人來說，這是一種近乎神聖的快樂。雖說英國人老愛扳著臉的刻板印象已經是過去式了，但現在還是有很多英國人寧願聊天氣也不要聊心情。社會議題研究中心（SIRC）針對英國人情緒狀態的研究指出，不到 20% 的英國受訪者表示，自己在過去的 24 小時內顯露過情緒。相較之下，過去 6 小時中討論過天氣的人就非常多，占了 56%。英國的天氣不會太熱，不常太冷，也沒什麼值得一提的自然現象，我們很幸運

竟然能住在一個四季如春，總是溫和、濕潤的國度，除了整年都要穿雨鞋之外實在沒什麼好擔心的。有一次風很強，強到把我們的垃圾桶都吹翻了，但那是特例。

氣候在英國真正的作用是開場白，藉此展開一連串的「Jolly」互動，在我們感覺可以開始聊更嚴肅的話題之前，我們都會一直聊天氣。而一旦互動達到了親密的頂點，我們就又會忽然話鋒一轉，繼續聊天氣，或是花園、寵物。有很多英國人都覺得在動物面前表露心情，比在人類同伴面前容易（舉個例，我公公喜歡用狗的性情，來比喻他的心理狀態）。

好吧，我們的確是不會在倉促的閒談之中真情流露，但至少我們可以建立連結，從基本的人類互動中獲得一些血清素（serotonin）。不論是傾盆大雨或是細雨綿綿，天氣話題成了一種生存機制——至少可以用來轉移話題，不把注意力放在個人的絕望漩渦上。因為「絕望」很不英式。

在小事中找到快樂

拿我朋友卡洛琳做例子，她是一個蛋糕師傅，生意興隆，真的很忙。她還有大大小小的事要操心，疾病、財務問題、家庭問題、以及一個愛在沙發上塗鴉的兒子（他是我乾兒子，所以我要說這是「藝術」）她很忙，常忙到筋疲力竭。「但沒必要抱怨吧，不是嗎？」某個屋外下著大雨的週二早晨，她這樣告訴我。她是陽光的化身、各種不同型式的純粹喜悅。沮喪的時候，她也會「快樂地」咒罵幾句，灌幾杯酒。在我心目中，英國人所有的優點都在她身上集於一身，她也是「Jolly」的最佳代言人。

「我好像生來就這樣，」卡洛琳說：「不過這也是英國人特有的特質。」從〈大笑的警察〉（The Laughing Policeman，查爾斯‧彭若斯的歌）到蒙提‧派森的《萬世魔星》（Life of Brian），在這個帝王之島上，我們總往好處看。「我覺得很難憂鬱很久，」卡洛琳說：「就說今天早上好了，實在很慘——家庭問題、財務問題——但後來我看到一隻狗在超市外試圖想要推一台推車，心情就忽然愉悅了起來！或是可能我走在路上看到了一隻兔子，這一整天就好像變得美好了。說真的是有點誇張，但我想英國人身上有一種特質，我們很擅長在小事情中找到快樂，」她說：「這可以讓你打起精神。」

我和卡洛琳是在二十年前，因為熱愛《歡樂滿人間》（Mary Poppins）而相識。你沒聽錯，《歡樂滿人間》。或應該說是茱莉‧安德魯絲（Julie Andrews）的每一個化身。搞不清楚茱莉‧安德魯絲是誰的人，她是英國女爵、演員、歌手，以及《真善美》、《摩登蜜莉》等大作的巨星，當然還有《歡樂滿人間》，她在劇中飾演「幾乎零缺點」的英國保姆，但是這名女演員在現實生活中的身世可一點也不完美。安德魯絲出生時一貧如洗，她是婚外情生下的孩子，與繼父一起生活著，後來又有了第二個繼父，誰知第二任繼父是個有暴力傾向的酒鬼，她在自傳中如是說。

但是安德魯絲一直都很「快樂」，她從很年輕的時候就擁有一副眾人稱羨，「幾乎零缺點」的好嗓音，但是她談到自己的歌喉時，只會自嘲地說她那橫跨四個八度的好歌喉，可以讓「狗狗在幾英哩外聽到就跑來」。在她的歌唱事業中，她總是避免悲傷、憂鬱、苦情，或是小調歌曲，因為這些歌不快樂——她喜歡唱「明亮、陽光」的曲子。因為如果妳是瑪麗‧包萍，快樂是必須。

1997 年，安德魯絲的喉嚨因疑似長腫瘤所以動了手術，不過手術過程出了差錯，造成聲帶不可逆的損傷，女高音從此變成了脆弱的女低音。但是安德魯

絲是個鬥士，拒絕被這件事情擊倒，她還開玩笑說至少她現在可以「完美呈現
〈老人河〉（Old Man River）一曲中著名的超低音。」

安德魯絲充分展現了「快樂」、勇往直前的
「閃電戰精神」，她轉換跑道，成了作家、講者
和演員，現年 83 歲的她，正享受著事業的第二
春（再告訴你，她現在還是很美）。茉莉・安德
魯絲，如果妳剛好讀到這篇的話，我和卡洛琳都
很欣賞妳，妳是我們心中永遠的快樂女神。

來杯茶，吃塊餅乾，生活更美好

英國人喜歡走快樂路線，不走這種這種路線的人甚至常會遭到言語攻
擊——或至少不會受邀參加司康下午茶。「我很受不了身邊有鬱鬱寡歡的人，」
卡洛琳說：「因為我就不是這種人，我沒辦法一直悶悶不樂，若是其他人這樣，
我就會心想：『夠了喔！抱怨完了沒？都已經過了好幾個小時了！』」我告訴
卡洛琳我也有同感。就在今天早上，一個送小孩上學的媽媽瞪了我一眼，我都

還沒來得及替她合理化說她今天大概諸事不順，嘴巴就
已經不自覺地小聲說出了：「誰戳破妳的充氣床了嗎？」

這種偏愛快樂，不喜悲慘的情結，可以在英國史上
所有童書中看到，舉例來說，從《小熊維尼》的屹耳
（Eeyore）到《小魔女》（Matilda）的川契布爾校長，再
到碧雅翠絲・波特（Beatrix Potter）書中的麥奎格先生。
套句我兒子的話：「壞脾氣的人都是壞人」，這是放諸
四海皆準的真理。與其在那痛苦，我們倒覺得生活總要

繼續過下去嘛,可以出去快走釋放腦內啡,或是來杯茶、吃塊餅乾,或是笑笑超市外的狗啊。不論做什麼,都要想辦法擺脫不愉快,回到「Jolly」的心境。生悶氣是「Jolly bad form」(bad form 意為不禮貌的行為),積怨或是暗自不爽也一樣不被接受。「你當然可以生氣,」卡洛琳說:「但是你最好給我趕快把情緒消化掉,回到快樂的情緒來面對這一天!」

英國人的「閃電戰精神」

在英國長大的孩子,很多從小就從經歷過二戰的祖父母身上得到了這種真傳:「喜怒不形於色以及充滿韌性,就是他們的精神,他們也將這種態度傳給後代。」卡洛琳回憶道。這種想法在八〇年代早期以前出生的人心中根深蒂固,許多人也會把這些觀念傳給自己的孩子。這並不代表我們對於二戰有所依戀,一點也不。英國人要面對難以抹滅的殖民罪惡感,因為我們在「大英帝國」的助勢之下,幹了太多不應該的惡行。樂觀積極的「保持冷靜,繼續前進」(keep calm and carry on)心態,並非我們替自己脫罪的標語,也不是要我們無視於這些行為的後果,「Jolly」更不是讓我們用來把頭埋在沙堆裡的藉口。但不管你怎麼看待英國這段不光彩的過去,「閃電戰精神」是我們特有的同袍情誼以及堅忍不拔的風骨。

1997 年,黛安娜王妃過世後,一個嶄新的、情感更為豐沛的英國誕生了,那時全部的英國人第一次共同哀悼,眼淚毫不保留地灣灣流著,在家人以外的人面前赤裸裸地大哭(實在是前所未聞)。這段沉重的日子裡,全民共同緬懷,舉國悲慟的情緒如洪水般席捲而來,而這開關一旦打開,就再也關不起來了。實境節目現在經常播放參賽者哭泣或開心地大吼大叫的片段,我們也(慢慢)開始能表達自己的情緒了,不論是正面情緒或是負面情緒。

　　這種喜怒不形於色的英式快樂還有「Jolly」要過時了嗎？「我不覺得。」卡洛琳說。她說除了新一季的《英國好聲音》，英國還有潘妮洛普‧凱斯（Penelope Keith）為評審的《年度最佳村莊》，或是某個超過六十歲的人在拖船上忙進忙出等節目。我們在學習用真實的情緒來平衡「Jolly」。顯然這樣的組合比較健康、均衡。我們最喜歡的諧星都散播著這種特殊的歡樂──我們的「幽默」也和其他人大不相同。

融合Jolly與嘲諷的英式幽默

　　英國人對自己的幽默感很有自信，而我最喜歡做的事，就是打開電視、收音機或是網路廣播，聽我覺得最好笑的人講話，這些人用英國特有的腔調、音色說著，好像是專門對我一個人說話一樣。我們喜歡這些諧星是因為他們跟我們很像──或說，他們是機智風趣版的我們──機靈、活潑、話中有話，但不

管發生了什麼事，都可以勇往直前。在我們最好的狀態下，我們每個人都是史蒂芬·佛萊（Stephen Fry）；擁有好心情時，我們每個人都是珍妮弗·桑德斯（Jennifer Saunders）、湯米·庫珀（Tommy Cooper），或是連尼·亨利（Lenny Henry）。而當我們處於巔峰狀態時，我們則都是「梅爾與蘇」（Mel and Sue，非英國讀者請去查一下）。

冷靜、思緒清晰的英國人特質

「英國人永遠會懂 Jolly。」這是卡洛琳的預言（卡洛琳做的蛋糕好吃得不得了，所以我算哪根蔥跟她吵，我也不想害自己未來沒有美味蛋糕可吃）。Jolly 是《異想小少女》（The Borrowers）或廣播節目《等一下就好》（Just a Minute）；或是當《聖橡鎮少年》（Hollyoaks）的演員奧弗頓夫婦贏了奧斯卡獎後，英國 BBC 卻一天到晚挖苦導演克里斯·奧弗頓（Chris Overton），說「『格鬥李恩』（奧佛頓在《聖像鎮少年》中飾演的角色）比他本人出名」。

「我們喜歡居下風的人，也喜歡自貶的英雄。」這是卡洛琳的觀察。沒錯，這也是為什麼我們不喜歡矯情的美國奧斯卡獎獲獎致詞。很多英國人一被稱讚就會很想吐，但這有個好處是，英國人在面對困境時通常比較冷靜，較能保持思緒清晰，甚至還會奮力抵抗。

在生命「逮到」我們之前，享受小事中的幸福

2007 年 7 月，倫敦發生了四起炸彈爆炸案，在國外看到新聞的人，都認為倫敦再也不一樣了，但是倫敦整體生活還是跟平常一樣。倫敦人不要政府加強安全戒備或限制疑似恐怖份子的行動。這個兼容並蓄的首都，活力依舊。

沒有親身經歷過二戰的人，在二戰的七十年後，忽然也展現出了祖父母的二戰堅韌精神。在地鐵或公車上目睹這一切的人表示，當天倫敦街上瀰漫著一種奇妙的共患難情誼。我們並非要把大事化小，只是「Jolly」就是我們的處事之道，不論晴雨。後來，美國網站上出現了安慰英國受害者家屬的文字，卻馬上被倫敦人阻止，請求他們不要再一直寫這種情感太過豐沛的東西，緊接著還把我們美國親人寫的溫暖詩詞改成反串文。對倫敦人而言，這是非常恰當的回應——可不能讓生活走樣了，不然恐怖份子就「得逞」了。

2017 年，倫敦橋又發生了一起恐怖攻擊，一名男子被拍到在博羅市場（Borough Market）奔跑，逃離事發現場時，他的手裡還緊握著已經喝一半的啤酒。後來大家發現這名男子是來自利物浦的保羅，保羅在大家心中便成了堅毅的象徵，集英式幽默和韌性於一身。

去年，記者喬治·蒙貝特（George Monbiot）發現自己有攝護腺癌，便在自己《衛報》專欄中表示他仍感覺「Jolly」，也決定無論如何都要保持這樣的

愉快好心情，因為「滿分十分的話，我的悲慘指數只有兩分」。他仔細想想，還有很多比他更慘的人，然後寫下了英國的經典諺語：「開心點，原本可能更糟」（Cheer up, it could be worse）。

在面對困境時保持開心，不計代價、頑固地堅守 Jolly，是適應環境的絕佳對策，也對我們英國人相當管用。我們知道幸福不會天長地久，生命不可能沒有逆境，不管我們選擇哪一條路，生命都會「逮到」我們，但在我們四面楚歌或是感覺低潮的時候，我們的目標應該是回到可以控制自己、可以理性思考的狀態——調整呼吸、調整自己，因為快樂可以由此開始，快樂會「綻放開來」。

「Jolly」就是擠出笑容，善用你所擁有的一切。「Jolly」是稍縱即逝的快樂，是笑聲，是狗狗在超市前推推車，是我們每個人都能注意到，且都能為之歡欣鼓舞的事。快樂藏在小事中。所以，保持「Jolly」吧。

如何提升你的「Jolly」，英式快樂指數？

1

情緒起伏有點大？

燒壺熱水，泡杯茶，吃塊餅乾吧。

兩塊Hobnobs英式燕麥餅下肚後，

絕大部分的問題感覺都會好多了。真的。

2

仍舊覺得情緒不穩？出去快走釋放腦內啡，

順便看看能不能看到狗狗或兔子吧！兩種都看到更Jolly。

3

聊天氣總比什麼都不聊好。

研究顯示，人與人之間的互動和一般的人際接觸（任何接觸都行）

可以幫助我們保持理智，所以，烏雲籠罩的話，就爬到烏雲上睡覺吧。

4

保持輕鬆，能大笑就大笑，

並且隨時準備好擁抱「嘲諷」。

KALSARIKÄNNIT

在家穿著內褲喝酒

◆

　　Kalsarikännit（發音：「Kal-sa-ri-kan-eet」），名詞，指的是「穿著內衣褲在家裡喝酒，不打算踏出家門」的行為。芬蘭語的「kalsari」是內褲；「känni」是「喝醉的狀態」，所以Kalsarikännit按字面解釋就是「內褲，喝醉」。這個詞彙出現於九〇年代，2000年初期開始在網路上流行，2014年才被正式編入芬蘭語言研究院的線上詞典。忘了「看個Netflix放鬆一下」這句話吧，在芬蘭，就要「看個Netflix，穿著內褲喝酒。」

FINLAND

芬蘭

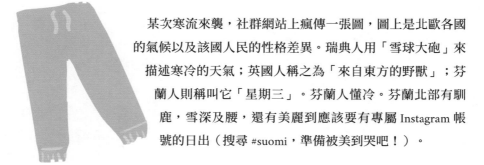

某次寒流來襲，社群網站上瘋傳一張圖，圖上是北歐各國的氣候以及該國人民的性格差異。瑞典人用「雪球大砲」來描述寒冷的天氣；英國人稱之為「來自東方的野獸」；芬蘭人則稱叫它「星期三」。芬蘭人懂冷。芬蘭北部有馴鹿，雪深及腰，還有美麗到應該要有專屬 Instagram 帳號的日出（搜尋 #suomi，準備被美到哭吧！）。

芬蘭南部因為太靠海，所以不會下雪（海洋氣候），但還是會「冷到臉痛」，這是我來自芬蘭南部的朋友提娜說的。「而且芬蘭幾乎無時無刻都在黑暗之中。」

「好處是穿著居家休閒褲，頂著素顏也可以出門，因為沒人會看到你。離你最近的鄰居大概也有二十公里遠，所以根本不會碰到任何人。」提娜告訴我。「不過我們很注重保暖，我們在室外穿很多，也會確保家裡非常溫暖。」在芬蘭，一進入室內，你就可以自己決定脫到剩幾件才感覺舒服、無拘束。芬蘭人拿著諾基亞，聽著重金屬音樂狂點著頭，過完芬蘭典型的辛苦工作日回到家後，就喜歡放鬆、脫去束縛（幾乎全脫），用一點「Kalsarikännit」來寵愛自己。

芬蘭人寵愛自己的方式：穿著內褲喝酒

「向來自世界各地的人解釋 Kalsarikännit，他們馬上就能了解，也懂其有趣之處。」瑪莉安對我說這話時，語氣中帶著一點自豪。瑪莉安來自赫爾辛基（Helsinki），我們是大學同學。「在芬蘭，我們從小就大概知道 Kalsarikännit 是什麼意思，但是要到三十幾歲，Kalsarikännit 的時機才真正成熟。你懂的，這時的你不會一天到晚想要出門了：你不想打扮、不想化妝、不想踏出家門，但你還是想來幾杯啤酒，所以不如待在家裡穿著內衣褲喝酒——這每個人多少

都幹過吧？」才沒有！我告訴她我真的從來沒有這樣享受過，而且我還有點生氣，她竟然到現在才告訴我可以這樣玩（害我損失了二十年的穿內衣褲喝酒好時光！）。雖然芬蘭的房子有很厲害的雙層玻璃，但我還是很納悶，一路脫到只剩下內衣褲，到底「舒服」在哪裡？穿著睡褲不會比較好嗎？或是蓋張懶人毯？「不行。」是我得到的堅定答案。

「而且芬蘭人很會喝。」提娜看了我一眼，好像是在說身上只掛著內衣褲會冷，跟喝多喝少不一定有關係。我用眼神告訴她「絕對有關係」。根據 2015 年世界衛生組織（WHO）的資料，芬蘭是全歐洲最會喝的國家。「在芬蘭，買酒要去特別的店，」提娜告訴我：「烈酒的話，一般店買不到。也就是說，一旦開喝，就是卯起來認真喝。」有了「酒精暖爐」，芬蘭人脫到將近一絲不掛也沒有問題。

Kalsarikännit 廣受歡迎，到了 2017 年，甚至還有專屬的表情符號。芬蘭外交部設計了系列表情包，其中有裸體泡三溫暖的人、諾基亞 3310，以及愛用力點頭的重金屬樂迷。不過其中最受歡迎的還是一男一女穿著內衣褲，手裡拿著啤酒的圖案。大概是因為芬蘭人需要快速鍵，不然全國會有好多人為了完整拼出「Kalsarikännit」這個詞而手指凍傷。

先裸體喝啤酒，再跳到湖裡

Kalsarikännit 通常是獨處或跟另一半在一起時會做的事，不過想要社交的芬蘭人，也可以從兩百萬家三溫暖中選一間，從裡到外暖起來（以芬蘭人口計算，每 2.75 人就有一間三溫暖）。「三溫暖文化在這裡非常流行，待在裡面通

常也會來一杯啤酒。」提娜說。很多社團或體育活動都會舉辦三溫暖之夜，先裸體喝啤酒，然後再跳到湖裡或到雪地上打滾。芬蘭人擋得住，因為除了Kalsarikännit之外，他們還有「不計代價、堅持到底的Sisu精神」，提娜告訴我。

1939至1940年間，三十五萬名芬蘭士兵戰勝了一百萬名蘇聯士兵，這都要歸功於Sisu精神，還戰勝兩次！芬蘭人要在漫長漆黑的冬季挺過攝氏零下35度的低溫，靠的就是Sisu。Sisu是在大風雪中伐木；是出於錯置的國民自信對重金屬音樂的堅持（金屬樂根本聽不出旋律，他們還是照聽）。上述通常都是極具男子氣概的文化特質，但是芬蘭在兩性平等上，又走在世界的前端。

男女平等、高品質教育、高收入，得來不易

一八五〇年代，芬蘭的女權運動激進分子就已經搶先其他國家，開始爭取女子受教育的權利。1906年，芬蘭成為第一個完全開放女性投票權、讓女性得以參選國會議員的國家。2000年，芬蘭選出了世界首位女總統塔里婭·哈洛寧（Tarja Halonen），而根據經濟合作與發展組織（OECD）的報告，芬蘭是唯一一個爸爸比媽媽花更多時間在陪小孩的國家。就如提娜的形容一樣：「在芬蘭，男女之間沒有太大的差別，我們都很悍，我們必須悍。」

除了殘酷無情的氣候，芬蘭人還挺過了戰爭、飢荒，還有將近七百年的瑞典占領期，然後到了 1809 年，芬蘭被割讓給俄國。一直到了 1917 年，芬蘭才重新成為獨立的國家，所以從國家的角度來看，芬蘭還是個嬰兒。「我們是個新的國家，」瑪莉安說：「所以在某些程度上，我們還在找自己。」

不過整體而言，芬蘭正健康地成長著。芬蘭名列全世界最安全、治理最有方的國家，社會進步風氣名列世界第二名，也是全世界第三富有的國家。不只這樣，芬蘭公民還能享受最頂級的個人自由以及世界數一數二的教育體系。這主要都要歸功於推動芬蘭國家主義運動的學者，因為從芬蘭獨立至今，有將近 30% 的國家領導者與政府官員，都是大學教授。教育一直都是芬蘭的重點政策，十九世紀時，教會甚至規定要先通過閱讀測驗，才能在路德教會舉辦婚禮。

享受生命中簡單的事物

跟其他國家相比，芬蘭人還很擅長享受生命中簡單的事物。「值得芬蘭人開心的事情太多了。」瑪莉安承認。但是芬蘭最著名的平等，也面臨著特有的挑戰，因為當平等被打破時，就會出現暴動。「舉例來說，你在芬蘭贏了樂透，」瑪莉安告訴我：「嫉妒的人會比替你開心的人多。最好有一個樂透得主地下組織，這樣他們就可以彼此聊天，因為其他人都超恨他們！」芬蘭收入最高的前一萬人，每年都要在現在被稱作「國妒日」（National Envy Day）的這一天公布收入，另外，聽說芬蘭人願意花一百歐元，阻止鄰居得到五十歐元。「我們人很好吧！」瑪莉安大笑。

　　「我們知道這樣很蠢，也不想一直這樣，」她說：「我們意識到自己不如其他北歐國家快樂，所以勵志書這類的東西也開始流行了起來。」很多芬蘭人也在學著為自己所擁有的感到開心。「像是我們的大自然，」瑪莉安說：「芬蘭無處不是大自然。努克西奧國家公園（Nuuksio National Park）就在赫爾辛基的旁邊，或是你也可以開一個小時的車，深入野外。」

　　瑪莉安告訴我，她前陣子和朋友一起去採藍莓，還燉了麋鹿湯。這聽起來很像童書的內容。「是滿好的，」瑪莉安承認：「我們必須提醒自己芬蘭的生活有多幸福，還有能外出身處大自然中有多美好。但我感覺，若要老實說，大多數芬蘭人也很喜歡獨自待在室內。畢竟，回到家感覺真的很好。」馬上脫掉運動褲，打開啤酒？「當然囉！我們可是芬蘭人，Kalsarikännit 是必須。」

如何像芬蘭人一樣享受「Kalsarikännit」，穿著內褲喝酒？

1
打開自動調溫氣。

除非你在芬蘭的房子本身超暖，真是這樣的話，幹得好！

2
囤貨。

你會有好長一段時間足不出戶，所以要先囤積物資：

零食、飲料、內容豐富的視聽娛樂套裝組，

或是一個可以聊天、講話投機的對象。

3
穿舒服的內衣褲。

此時不宜蕾絲丁字褲或是鋼圈胸罩。

4
開始之前先拉上窗簾或關起百葉窗。

不然你個人的活動可能會變成別人的一場好戲。

GEMÜTLICHKEIT

舒適感

———————◆———————

　　Gemütlichkeit（發音：「ghem-ud-lich-kai」），名詞。形容詞為「gemütlich」，意指「愜意」、「能引起舒適感的」，也可以用來形容歸屬感或被社群接受的感覺。字首「Gemüt」意為「靈魂、心靈與心思」；「lich」作用同英文中的「ly」；字尾「keit」則類似英文的名詞結尾「ness」。Gemütlichkeit一詞最早的文字紀錄首見於1892年，這個字包含了許多德國獨有的特點。1906年，英國作家柴斯特頓（G. K. Chesterton）在文中提到了「Gemüt」，他用「Gemütlichkeit的極致呈現」來描述德國的啤酒園。

GERMANY

德國

妮娜烤了糕點，這很平常，她喜歡烘焙、下廚、喜歡照顧她兩個年幼的孩子、喜歡有全職工作。什麼事都難不倒妮娜，她俐落地擺好嬰兒餐具、嬰兒食物、圍兜兜、濕紙巾，還在桌上換了一批更好玩的玩具，接著啜飲了一口咖啡。「啊，這就是 Gemütlichkeit。」妮娜吐出這話時，我的臉還被圍巾纏著，身邊兩個寶寶哭個不停，腳上拖著長長的鞋帶——媽媽聚會又要遲到了。

妮娜是德國人，我不是，看也知道。「Gemütlichkeit 是做些對心靈有益的事。」她說著我才發現我的毛衣穿反了。「所以說，如果你覺得很累、壓力很大，或是睡眠不足……」她看著我說：「那麼 Gemütlichkeit 就是休息。」喔，筆記。「如果你餓了，Gemütlichkeit 就是吃點好吃的東西。」妮娜把烤好的食物推向我。我發現，因為 Gemütlichkeit 是基本需求之上的東西，所以必須要很特別。

「Gemütlichkeit 不是不變的，」妮娜告訴我：「有可能某天你覺得某個東西很 gemütlich，因為這天你正好處在接受這個東西的心情，但過幾天你卻變得很討厭這東西。」Gemütlichkeit 也很主觀，每個人的 Gemütlichkeit 不會一樣。還有，Gemütlichkeit 是個人經歷，甚至可能有點私密，「更甚丹麥的『Hygge』。而且我們不會一天到晚把 Gemütlichkeit 掛在嘴邊。」話說至此，妮娜翻了個白眼。

「丹麥人對 Hygge 有好多感情，一講到 Hygge 就不吐不快。」我是沒聽丹麥人講過這詞，但跟他們的德國鄰居相比之下，似乎是如此。對德國人來說，「表達感情」有點太多了，他們不喜歡。「去感受 Gemütlichkeit 是很好，但不

要過猶不及。」妮娜這麼說。Gemütlichkeit 太超過就會變成「gemütlich」。

「說一個人很『gemütlich』是說這個人很懶散——動作慢、沒有活力。」我的漢堡朋友弗克這麼說。「如果一個同事沒有做好自己份內的工作,或是拖拖拉拉、影響別人的進度,那可不好。」放空在德國是一種罪,新教的工作倫理在德國相當盛行,也被大眾奉為圭臬——尤其是在北部和東部。要了解其背後原因,就需要快速惡補一下最錯綜複雜的宗教議題。

準備好了?開始囉⋯⋯

德國人的新教倫理觀

十六世紀時,馬丁・路德(Martin Luther)修士認為世人越來越驕傲,想用錢買天堂門票,而非努力行善。當時,羅馬天主教會在西方坐大,他們發放「贖罪券」給想要得到救贖的罪人。「贖罪券」不能讓你「無條件出獄」,想無條件出獄要靠告解(不要緊張,我自己是天主教徒,我有資格說)。

贖罪券是讓信徒在煉獄(有點像是來生的候診室)接受懲罰時可以減輕刑罰的文件。依照傳統,要取得贖罪券需要靠不斷地禱告或是展開「朝聖之旅」——懺悔中的信徒必須盡可能走遍所有聖地。但後來某個機靈鬼發現直接購買贖罪券比較有效率。

買賣贖罪券的行為起初在德國受到禁止,但仍有人進行祕密交易。到了 1517 年,道明會修士若望・特次勒(Johann Tetzel)開始大肆公開販售贖罪券,藉以籌措羅馬聖彼得大教堂的維修資金。馬丁・路德氣瘋了。他在《九十五條論綱》中駁斥羅馬天主教會的教導,宗教改革也因而展開。馬丁・路德不贊成

用告解或聖禮的方式換取天堂的入場券，反而推崇努力、紀律和克己的生活。馬丁‧路德的觀念在歐洲北部甚至美洲廣為流傳——然而這種路德思潮和新教的工作態度，在德國最顯而易見。

不懷舊、務實的德國生活哲學

德國人不喜歡像鄰國丹麥那樣，沉溺於點滿蠟燭的 Hygge 氛圍之中。德國人喜歡來點 Gemütlichkeit，然後繼續加油，不讓自己淪落至 gemütlich。德國人的生活態度以及 Gemütlichkeit 的另一個與眾不同之處是，他們不懷舊。在丹麥，當你遇到以前的朋友，一定要一起回想之前的 Hyggelig 好時光。「但是在德國，我們不會透過浪漫的粉紅濾鏡回顧過去。」老家在漢諾威的妮娜說。

大多數德國人身上都背負著德國歷史的沉痛污名，甚至還有一個專門的詞，可以用來描述這種與不堪過去的掙扎。「Vergangenheitsbewältigung」指努力想要彌補過去犯下的錯誤，擺脫二戰罪惡感的過程。戰後，德國向世界各國屈膝，付了巨額的賠償金，但是在 1950 年德國重工業發展解禁後，西德的經濟復甦則是又快又狠（東德就是另一個故事了）。德國開始重建，今天的德國是歐洲工業重鎮，在 2012 年單槍匹馬地拯救了差點崩壞的歐元區。現代德國在生產力的表現上總是數一數二，也以效率和民主聞名。這個有八千兩百萬人口的遼闊國家也帶給了世界「Lederhosen」（吊帶皮短褲）、黑森林蛋糕，還有可以在高速公路上馳騁，聽著當地電台播放德國人最愛的大衛‧赫索霍夫（David Hasselhoff）那種無與倫比的體驗。

我提這些有兩個原因：首先，我希望自己有生之年可以不要錯失使用「Lederhosen」這個詞的機會。其次，我想要強調德國幸福之道務實又便利，令人稱奇（雖然他們有些可愛的怪癖）。這樣你知道德國人有點敏感了吧？

先努力工作，才有本錢玩

「大家有時會以為德國人過於古板，」妮娜說：「但不是這樣的，我們只是崇尚努力工作。要先努力才有本錢『玩』。」德國人做事謹慎，也不喜歡「Spassgesellschaft」，這個一堆子音糾纏在一起的詞，意指貪圖享樂的生活，或是「工作不專心」。這是個衝著千禧世代而來的貶義詞，有勸世意味，妮娜說：「就像是在說，不要玩太兇或是太放縱自己，不要像 2008 年金融危機之前那樣。」

在德國，幸福人生的關鍵就是努力工作，連在歡欣喜慶的時候也要努力幹活。舉例來說，德國婚禮通常以「Polterabend」做為序幕，這項德國傳統是要先砸爛瓷器，再讓幸福的新婚夫婦掃碎片。這麼做是要讓新婚夫婦知道，他們在未來的婚姻生活中，得要齊心努力度過難關；或是「Baumstammsägen」——在婚禮上鋸木頭，作為這對新人未來一定會遇到各種難關的預告。

先工作，再享樂

「先工作再享樂，可說是德國人的座右銘，」弗克說：「我們不會把工作和享樂混為一談，也不覺得工作要有樂趣或要 gemütlich。」她說德國人可能會對工作有很多不滿，但整體而言卻還是很幸福。「因為工作是要用來完成的，而且要完美，然後你才能放鬆享受屬於自己的時間。」德國 Gemütlichkeit 不像滲透丹麥生活的 Hygge 哲學，德國人不會用 Gemütlichkeit 來形容任何跟工作有關的事物，在德國也沒有人會追求丹麥那種 Arbejdsglæde（快樂工作）的理想。

工作和家庭之間有著清楚的界線，弗克還告訴我，德國的幸福是「放下工作，享受快樂好時光」。因此才有「Feierabend」一詞，「Feier」是「慶祝」，「Abend」是「傍晚」，此指下班時的快樂好心情。「我們還有『Feierabendbier』，其實就是剛剛那個字，但在字尾補上『bier』（啤酒）。」Feierabendbier 是用來慶祝下班的啤酒。下班喝過啤酒後就可以回家了。

尋找能給自己歸屬感的人事物

　　家對很多德國人來說，意義很特殊，「Zu Hause」的意思是「在自己家」，但是連在一個變成一個字「Zuhause」的話，意思就是「給你歸屬感的地方」，這個字跟幸福大有關聯。德國到了 1989 年，柏林圍牆拆除後才統一，因此很多德國人有著天差地遠的成長經歷，端看你是東德或西德人。有許多研究顯示，歷史上的東西分裂對今天許多德國人的成長有很深的影響。

　　「『Zuhause』是感覺自己屬於某個東西，」弗克解釋：「像是有個心靈上的家園或是一種讓你感覺『對了』，感覺『很好』的地方。」但你的 Zuhause 並不是非此即彼：「我們覺得一個人的 Zuhause 需求不可能在一個地方全被滿足。」好比感情，我們不可能從一個人身上滿足自己所有需求，歸屬感可能來自於兩個、或是更多地方，這樣比較說得過去，畢竟現代人比以前更常到處遷徙。「想要到別的地方的心情是很正常的。」弗克說。

德國式的「陽台度假」

　　一旦你找到有歸屬感的地方，也完成了今天所有工作，你就可以開始 gemütlich 起來。很多德國人住在公寓裡，尤其是都市人，但德國人對大自然都有一股熱愛，也渴望待在戶外。還好，很多公寓都有陽台，這樣德國人就可以打造屬於自己的「gemütlichen 啤酒園」。「我們德國甚至還有『Ferien auf Balkonien』，就是『陽台度假』。」弗克說。「居家度假」的概念來自於沒有足夠的金錢飛到奢華的地方度假，但是德國的「陽台度假」卻是無所不在。「大家都這麼做，」她說：「不分年齡，

不論收入。人人都愛。你也許會買些新植物放在陽台上,然後休假一週,享受陽台好時光。」

舒適地待在陽台上,沉醉於自己努力得來的 Gemütlichkeit,若有需要,德國人還可以更深入內心,運用想像力逃離現實。「妳有沒有坐在桌上揮舞雙腿過?」弗克問我。我有,但已經是好幾年前的事了⋯⋯「感覺像個孩子一樣自在,不是嗎?」德國人還有一個片語,可以用來形容全心投入這件事:「Die Seele baumeln lassen」(讓你的思緒飛舞)。很可愛的形容。

若有朋友工作壓力爆表但就快要可以放假休息了,你可以對他說:「好好休息吧,揮舞你的心靈!」我最喜歡的德國片語還有「Löcher in die Luft starren」(看看空氣中的空隙),有點像是眼神放空的感覺;或是「Kopfkino」(腦海電影院)也就是做白日夢或是幻想。我告訴弗克,我好像有點懂了:先工作再好好休息,晃晃雙腿,讓心靈飄揚?

「對!但不要太久。」什麼?「我們也會安排休閒時間。我們可能會說『好吧,現在要讓心飛揚,但只能飛四十五分鐘⋯⋯』」啊,是有規劃的享樂時光!

用嚴謹的態度，規畫休閒時間

德國人對守時還有規律的情結，弗克說「就像是有條細線在拉著所有人，我們不會讓自己放到全鬆。」德國甚至還有個詞可以形容這種態度：「Freizeitstress」（自由時間的壓力）。

「就像是：好囉！該打包去海邊要帶的東西了！」弗克向我說出這句話的時候，自己也覺得聽起來有點怪。「我們會用工作的態度，來規劃自己的休閒時間，我們覺得做好準備是會有回報的。」我沒立場反駁。我和弗克已經是六年的朋友了，我每次跟她出去郊遊，都一定會有準備得好好的食物、咖啡壺還有雨具，以備不時之需，讓我覺得自己比平常更廢了。

「德國人誠實、可靠、效率高的刻板印象其實挺準確的，」妮娜也同意。「在德國，我們很重視教育、事實、學習。我們喜歡把事情處理得好好的。」德國人會把工作做到盡善盡美，然後再開始自己的副業：享受好時光（享樂在德國也很講究，甚至還可能會有「休閒壓力」）。

幸福在德國是經過預先規劃的「不工作時間」，是沉溺於休息的時光，且是屬於個人的活動。「這不是親友時光，也不是父母照顧孩子的時間。」弗克

補充道:「真要說的話,是暫時逃離這些事情。」這很 OK,因為這是你應得的。雖然父母有責任要照顧自己的孩子,但在德國文化中,父母不會有得到回報的期望。「我並不期望小孩在我老了之後會照顧我,」弗克說:「而且整體而言,德國人不會把自己的快樂寄託在他人身上,我們會爭取自己的幸福,因為我們知道快樂取決於自己。這大概是新教的心態吧,要靠自己努力。」

德國哲學家尼采的幸福哲學

我不是要隨便拿我最好的朋友來跟尼采做比較,但是,這名德國哲學家說,我們每個人能控制的只有自己的想法和行為,其他人的想法、行為都不是我們的責任,我們對別人經常性的荒謬,一點辦法都沒有(我用自己的話改述過了,看得出來嗎?)尼采呼籲我們要接受生活的樣貌,並對自己的行為負責,時時盡力把事情做到最好。這種哲學似乎就是德國的生活與幸福之道。「其實真的很簡單,努力工作、認真玩樂,然後 gemütlich 起來。」

如何像德國人一樣享受「Gemütlichkeit」，舒適感？

1

找出能撫慰你心靈的事物，花時間做這些事，
例如：烤餅乾、睡午覺。現在就去做！

2

接著想想尼采的哲學，接受你不能改變的事物：
討厭的同事、天氣，或是另一半的心情都與你無關。
努力工作到翻過去，然後休息。好好休息。
要知道你已經盡了最大的努力，
為自己感到驕傲。充實的一天可以帶來成就感。

3

家裡有陽台嗎？
在陽台上來杯Feierabendbier（下班啤酒），
Gemütlich起來。看！你自己的啤酒園耶！

4

每個人都可以擠出五分鐘發呆，
或是到大腦電影院看部短片。
你看。你現在看起來有精神多了。

MERAKI

專心投入於你熱愛的事

———————◆———————

　　Μεράκι（發音：「may-rah-kee」）是個可以當副詞使用的名詞，這個詞彙來自於土耳其語的「Merak」（因興趣而從事的事）。Meraki蘊含著「準確、完全投入、專心致志」的精神，通常是創意或是藝術方面的。Meraki精確地表達出內心深處的關照與愛。

GREECE

希臘

希臘是酒神戴歐尼修斯（Dionysus）的國度、像《希臘左巴》（Zorba the Greek）一樣在沙灘上跳舞的國度、邊跳舞邊喝著希臘茴香酒，或就是單純跳舞的國度。

希臘人懂得享受好時光，不過除了精力旺盛的派對魂，希臘還有另一種更安靜、更深層的幸福快樂之道，在希臘一萬三千六百七十六公里長的海岸線外的地區，較鮮為人知 —— 那就是 Meraki。Meraki 是因愛、關照以及熱情而全神貫注在某一件事物上——是一種精確的，滋養心靈的追求，希臘人已經實行了好幾千年。

Meraki在於熱忱、專心

來自雅典的史學家、畫家狄米特拉，這個冬天剛搬來丹麥的郊區（大概是因為「受不了太多陽光」還有蘇格拉底），她說：「Meraki 是一種熱忱，不是胡亂把什麼東西拼湊在一起，而是細心地做、用愛來做，可能還帶著一點完美主義。Meraki 的意思是 ——」話說至此，她把兩隻手的手指合在一起，接著說：「『準確』，或是『精細』，就是用心去做某件事。」

身為一名畫家，狄米特拉最近在一個希臘人經營的場地辦畫展。提米特拉發揮 Meraki 精神，把每一個細節都做得很到位。她在調整展場牆上畫作的位置時，展場老闆來了。「她看了看我的作品，指著其中一件說：『如果這幅畫沒賣出去，我覺得妳應該要再拿回去加工。』」這話要是從其他人口中說出，一定會讓她覺得很失禮，但是對方同為希臘人，狄米特拉便知道這是出於兩人對 Meraki 的共識（「除此之外還有希臘式的直白」）而有的發言。老闆慧眼識珠，

一看到 Meraki 精神的作品就會知道，也被狄米特拉的完美主義以及對作品的細心照料給感動了。

「每一件事都可以發揮 Meraki 的精神來做，」狄米特拉告訴我：「像是做菜，甚至是桌子擺設。」Meraki 不在於做到完美，但也不是一手拿著小盤子一手拿著手機，Meraki 在於專注。專心做著手邊的事，不被打岔。「我做菜的時候也都盡量發揮 Meraki 精神，」來自雅典的建築師安潔莉琪說：「而且對我來說，我在意的不僅是要創造出可以供人享受的佳餚，我自己也要享受製作這頓特別佳餚的時光。」

擁有引以為傲又可以從中得到娛樂的興趣，對那些無法從正職工作獲得滿足、愉悅感的人來說，更是一件很棒的事。如果你每天的工作感覺很像薛西弗斯（Sisyphus）的任務，Meraki 可以讓人生變得更有價值。熟悉希臘神話的人應該記得《薛西佛斯的神話》──薛西佛斯受到詛咒，每天要把一顆大石頭推上山，然後看著石頭滾下山，再把它推上山。

如果這聽起來很像你朝九晚五的工作內容，加油！每天的待辦事項多半沒有什麼挑戰性，也不怎麼有趣──建檔、下單，或甚至是養育子女最累人的那些事情。但是你可以用點心思，來打破永無止盡的無聊雜事循環，用你有興趣、想到要去做就很期待的事情，你的 Meraki。舉例來說，要是薛西佛斯對流蘇結繩編織感興趣，這一切可能就不會這麼痛苦了。他的每週行事曆看起來就會像這樣：

週一：滾大石、休息一下打雙套結。

週二：滾大石、停下來打個平結。

……之類的。

不要單獨上咖啡館！

Meraki 精神也造就了一種更廣的、希臘特有的幸福之道，就是連在最平常的社交互動中，都要帶著愛與關心。當代心理治療中，幸福的其中一項關鍵指標就是與親友接觸的頻率，這點希臘人很擅長。「就算你人已經在家門口了，搞不好還要過個一小時才有辦法進家門，因為親朋好友會停下來和你聊天。」安潔莉琪說。或是如狄米特拉所言：「希臘人一輩子都在管別人閒事。」

希臘人很注重集體經驗，鮮少單獨行事。「舉例來說，我們不會自己一個人上咖啡館，」狄米特拉說：「還有，如果發生了什麼事，我會馬上打電話給我朋友。」她邊說邊用雙手做出打電話的樣子。「我們會覺得『不要悶在心裡』。我想這跟快樂有關——在世界其他地方，人們可能會找心理師聊，但在希臘，我們跟身邊的人聊。」

希臘鼓勵表達。「我們情感豐沛，甚至還有一些描述情感的詞彙，是別的語言中找不到的。」狄米特拉告訴我。其中我最喜歡的是「klafsigelos」，就是笑到哭出來。希臘人也很會「悲傷」。「希臘悲劇不只是歷史的一部分，」狄米特拉說：「如果摯愛的人過世了，你會穿上黑色衣服，你會哀悼，你會沉浸在傷心的情緒之中。」

她告訴我，在她父親出生長大的村莊，如果你在痛失親友後沒有穿黑色衣服「穿一輩子」，你就會被排擠。狄米特拉說：「我們哀慟、我們大哭、我們跳舞、我們唱歌——我們做所有事情的程度都和別人不一樣。」她不是在說笑，希臘的國歌一共有一百五十八節。這就是 Meraki。

去劇院看悲劇，洗滌情緒

在希臘，劇場很受歡迎，光在雅典就有四百間劇院，只有三百人的偏遠小鎮通常也會有間劇院。「我們的劇本探討得很深入，都是經過精心設計編寫而成，還會揭開身而為人的共同感受。」狄米特拉說。這是因為 Meraki。劇場票價很合理，一張大約十歐元，而且常有表演，所以每個人都有機會看表演。

「上劇院一直都是希臘人的一部分，」狄米特拉說。她告訴我在古時候，大家會去看四部曲：「我們會為了發洩情緒而連看三部悲劇，看你平常想都不敢想的事情在舞台上演出著──像是《美狄亞》（Medea）中的母弒子，或是《伊底帕斯王》（Oedipus Rex）中與自己母親上床的男人。最後我們會用喜劇作結。」狄米特拉說：「這種安排背後的概念是，要先洗滌負面的情緒或禁忌，最後再打一劑強心針。古希臘人非常了解人的心理。」

讀神話故事長大的希臘小孩

而當代希臘人也不遜色。在希臘長大的每個孩子，都在非常年幼的時候就開始努力了解自己終將一死，以及培養對自我的認識。「在希臘，三年級（大約八歲）就會開始讀希臘神話，到了六年級（十一歲）就已經開始讀希臘哲學

家的書了，」狄米特拉說：「每一個國家都會讀自己的歷史吧？希臘只是歷史比較長罷了！」

學童常被提醒希臘女神雅典娜會「幫助自助者」，多數希臘青少年也都很熟悉柏拉圖的「洞穴寓言」，甚至還知道「雙耳瓶的寓言」（the story of Amphora）。「希臘人哲學底子很好，所以之後心理學的底子也會很扎實，」狄米特拉說：「所以說，我們有陽光、地中海食物、大家庭，還有所有已被證實可以增進幸福的事物。我們也對快樂是什麼、究竟代表什麼，有很深入的了解。Meraki 意味著，就算是一個鳥日子，當手邊的事情特別困難或是特別無聊時，你還是有值得期待的事，像是你的副業、你的興趣，都可以幫助你繼續往前。」

希臘人深知我們可能無法控制周遭的政治、經濟環境，但是我們可以控制自己如何面對事情以及自己的心情。帶著 Meraki 精神做事，就是在現代生活中抽出時間，細心、謹慎地創造。有史以來，希臘人的生活都不是特別好過，他們面對外國的占領、戰爭以及到今日還影響著希臘的嚴重經濟危機——但是整體而言，希臘人仍很快樂。

「我們的生活水準很不錯，」安潔莉琪說：「我們不像其他人壓力那麼大。有些事情我們沒有辦法改變，但是我們自有因應哲學。我們會繼續前進，找到快樂的方法——我們撥出時間給朋友，撥出時間給 Meraki。」你也該這麼做。

如何體驗「Meraki」，
專心投入於你熱愛的事？

1

關掉手機，接下來的十分鐘，
專心進行一項創作。

2

用心烹飪，如果你喜歡烹飪的話。
不然也可以給自己叫份外賣，
不過要盡可能把餐桌擺設地高雅一點。
折成天鵝的餐巾？當然好！

3

逼自己盡全力完成一份作品，享受這個過程。
只有在感到壓力的時候，完美主義才會變得負面
——而Meraki注重的是熱情。

4

還沒找到出口？多做些不同的嘗試吧。
興趣可以讓我們更快樂！
活在當下，專注在手邊的工作上，
也可以幫助我們維持正念。雙贏。

ALOHA

阿羅哈

Aloha，名詞，意指愛、同理、同情、善良、尊重和原諒
── 據說該詞源自西元500年波利尼西亞殖民者首度登陸
夏威夷之時。夏威夷學者瑪麗‧普庫伊（Mary Kawena Pukui）
寫道，阿羅哈（Aloha）一詞首次使用時，是用來表達父母與子
女之間的愛。阿羅哈常用來打招呼，但同時也是夏威夷人的
生活方式，是與自然界及其中萬物的交流原則。

HAWAII

夏威夷

夏威夷是歐巴馬（Barack Obama）和衝浪的誕生地，一個地方有兩個這麼酷的「產出」，已經是越級打怪了。不過，阿羅哈無庸置疑是夏威夷最重要的出口品，這是來自歐胡島（Oahu）的朋友羅伯說的。

夏威夷不是一個國家，但是因為它有自己的島嶼文化，和美國其他地方的差異之處比這本書的頁數還多，所以就讓它擠上 TOP 30。何況，夏威夷耶──棕櫚樹、鳳梨、大海、沙灘、草裙舞還有「Lei」（花圈）──這個位在太平洋中央的州，無處不討喜。不過，讓夏威夷人常保快樂的祕訣，是代表夏威夷精神的阿羅哈。夏威夷人真的很快樂。根據蓋洛普民意調查（Gallup），夏威夷人是全美最幸福的美國人，只有 32.1% 的夏威夷人表示，自己曾經感覺某些日子壓力很大。

阿羅哈的深層含意

「阿羅哈的意義很簡單，也很複雜，」羅伯說：「因為阿羅哈需要你採取行動。」他把阿羅哈描述成一種無私的愛以及一種責任感，我不禁想，這聽起來很像卡威納・普庫伊（Kawena Pukui）筆下的父母─子女關係。「『阿羅哈精神』常被用來形容住在夏威夷的人，以及夏威夷人的熱情好客。」羅伯補充。他們是真心的嗎？我實在無法不問，我就是個見不得人好的英國人。「喔，當然！」羅伯很堅持：「阿羅哈的起源很純真、很自然，這與島嶼風光、島上的人民還有真實的夏威夷文化價值有關。」

來自拉海納（Lahaina）的專業衝浪客席恩也贊同：「阿羅哈是一種生活方式。這不只是單純的招呼語而已：阿羅哈是善良、和諧、謙卑、耐心、堅毅與認同。一直都是如此。」這引起了我的興趣，因為在幸福研究中，很少只提到

「對彼此友善」，很少會有比較性的研究或對於幸福理論金字塔的深入探討。

但是席恩說的沒錯：認同是一種被低估的人格特質。雖然我們現在都知道快樂要發自內心，但在能「認同」你的一群人身邊，不是比在一群驢子身邊好嗎？「因為你算老幾，可以用自己的壞心情破壞別人的好心情？」席恩問。有道理。他告訴我，夏威夷人就算這天過得很慘，還是可以拿出阿羅哈精神來「給自己打氣」，鼓勵自己。

夏威夷「Shaka」精神背後的含意

夏威夷最常用的招呼語是「Shaka」——用三隻手指頭揮手示意，中間兩隻手指折起來，另外三隻直挺挺地揮著。據說 Shaka 一詞來自一個友善的老先生，他總喜歡和路人揮手打招呼，但他整理花園時意外斷了中指。「他大可因此不悅或沮喪，但他的內心很強大，還是舉起受傷的手和人打招呼。」席恩說。大家也都會揮手回禮，還開始向他一樣彎起中指，表示同理。

這個舉動就這樣流傳了下來，一名夏威夷新聞記者在節目結束的時候，用這個手勢揮手致意。「他揮手的同時好像說了『Tune in next time for another shocker』（下回請準時收看令人吃驚的新聞），」席恩說：「但他說話有外國腔，shocker 聽起來像『Shaka』，這個詞就這樣開始深植人心。」

現在，「Shaka」就是他們每天對他人展現阿羅哈精神的方式。「他們會在海灘的另一頭對你說 Shaka，你也會回他們 Shaka，讓他們知道你收到了，表示感激，」他說。夏威夷文化中，「感激」很重要。

尊敬大自然、與環境和諧共生

　　早期的夏威夷人非常尊崇大自然，他們對生態環境有著與生俱來的尊敬——早在我們了解生態的科學原理之前就如此了。「首批殖民者望向大海後，發現世界的開端不是地平線，而是天。」席恩說。他們看見水蒸發後，水氣被吸到雲裡，然後雨滴落下，集成河流，河水再經過一段旅程，匯入大海。「在夏威夷，水是神聖的，」席恩告訴我。「這是土地、水、樹林與珊瑚礁健康的生命動脈，夏威夷有句俗話說『ola alla wai』（水是生命），這句話也是我們的生活準則。」

　　好幾世紀以來，夏威夷人與環境和諧共生，這都要感謝阿羅哈精神。「這片土地與其居民之間有種美麗的平衡。」羅伯也同意。夏威夷人不覺得自己擁有這塊土地，反而是感覺「自己屬於這些島嶼」。所以夏威夷人覺得，自己對這些島嶼的幸福責無旁貸，所有夏威夷人都從小就覺得「Kuleana」（愛護環境）是他們的責任，也認為自己在做決定時必須尊重社群、環境和全體的福祉。夏威夷州的格言是「Ua Mau ke Ea o ka ʻĀina i ka Pono」，意思是「大地的生命永存於正義之中」，這句話也扼要點出了夏威夷人與其土地之間的關係。

　　夏威夷本島被高山向下流至珊瑚礁的河水切分成好幾個楔形，夏威夷人會依循傳統，互相合作來耕種這些土地。在農業社群中共享資源，配合土地、海洋的自然定律，齊心耕種。這種共同耕作的方式讓夏威夷人有很多休閒時間，多到甚至把衝浪昇華成了一種藝術——夏威夷人各個都是衝浪好手。

　　「我和海洋之間的浪漫史是一輩子的，從小到大，衝浪一直都是我最大的興趣。」羅伯說。席恩說海洋是他的「教會」，他在衝浪板上非常靈活，甚至可以在浪來時在板上倒立（我不太懂衝浪，但我在陸地上都無法倒立了，所以這應該很了不起）。我們今日熟知的衝浪源於夏威夷，二十世紀之初由哈那莫

庫（Duke Paoa Kahinu Mokoe Hulikohola Kahanamoku）率先將這項運動在國際的舞台上發揚光大。進一步搜尋哈那莫庫的相關資料後，我找到他一邊衝浪一邊打高爾夫球的照片，還有張他一邊衝浪，肩上還站著一個女性友人擺出神力女超人姿勢的照片。

哈那莫庫不僅是個多才多藝的男子，他居然還有時間可以當警察、演員、打海灘排球、經商，還拿下了奧林匹克游泳比賽多面獎牌！要如何做這些事，還當一個追浪客呢？「喔，當然也要努力啊，」席恩說：「工作、釣魚、玩樂，不管做什麼，都要盡可能做到最好，也要好好享受。不是叫你一天到晚嬉皮笑臉，而是帶著很好的做事態度、心存尊敬。」這就是阿羅哈精神——夏威夷人在他們動盪不安的歷史中，一直秉持這樣的精神。

夏威夷文化的過去與未來

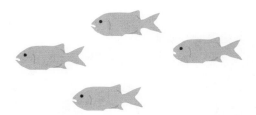

1500 年前，波利尼西亞殖民者僅靠著星辰指引，便乘風破浪抵達了夏威夷，接著在一六〇〇年代，西班牙人登陸，1778 年，庫克船長騷擾完澳洲人後就來了夏威夷。與歐洲人接觸成了島民的大災難，因為歐洲人帶來了新的疾病，沒多久後，美國新教教士也來了，他們決定要在這裡「拯救靈魂」，甚至稱草裙舞為「異教」行為。

1795 年，夏威夷王國成立，統一了夏威夷島、歐胡島、茂伊島、摩洛凱島。1891 年，夏威夷首位（也是末位）女王利留卡拉尼（Liliuokalani）登基，但是她治理夏威夷不到兩年，美國就逼迫她退位並放棄未來所有王權。她在自己的寶座上接受軍事審判，被判了五年勞動役，雖然她最後於 1896 年獲赦，但在

1898 年，夏威夷群島正式成為美國領土的一部分。彼時，學校和政府機關全面禁止使用夏威夷當地語言，到了 1920 年，根據美國人口普查的資料，夏威夷原住民人口驟減至不到 24,000 人。一直到 1978 年通過了憲法修正案，學校才能再度教授夏威夷語。1987 年，夏威夷語推廣計畫上路。「現在，每個人都可以學習夏威夷語，但是對很多人來說，家園的方言已經離他們遠去了。」席恩說。

傳統夏威夷文化代表人物：阿卡阿姨

在近期的調查中，夏威夷 140 萬人口中，只有 14 萬 1 千人認為自己是「純正的夏威夷人」。今天，只有一小部分的夏威夷人可以追本溯源至波利尼西亞祖先，但是夏威夷對推廣傳統文化仍不遺餘力。哈利阿卡・杜利（Haleaka Iolani Pule Dooley），人稱「阿卡阿姨」，是舉世聞名的傳統夏威夷文化代表人物，這位女士不論走到哪裡都大力宣揚阿羅哈精神。

阿卡阿姨是第四十三代夏威夷人，也是夏威夷大酋長與大祭司的直系後代，1965 年生於檀香山，有二十個兄弟姊妹。阿卡阿姨的成長環境沒有電、沒有電視，也沒有任何現代化設施，她靠祖傳知識受教育。後來她接受訓練成為史學家和治療師，向世界教授、傳揚夏威夷傳統知識。她上傳了很多 YouTube 影片，其中一支影片中，她形容阿羅哈為「一種共生的關係，是意識到你與身邊的宇宙萬物都有這種關係，也明白自己在其中扮演的角色。」阿卡阿姨在歐巴馬總統就職典禮後，替他獻上夏威夷傳統祝福禮。她一直辛苦工作到 2014 年過世，畢生致力於提倡阿羅哈精神，推廣夏威夷諺語，如：

「He ʻOlina Leo Ka Ke Aloha」──喜悅藏在愛的聲音之中
「ʻAʻohe loa i ka hana a ke aloha」──真愛沒有距離
「Ua ola no i ka pane a ke aloha」──友善的回應中帶著生命

友善、同理、接受

　　友善很重要，「同理」更是阿羅哈精神中的核心。「接受」是阿羅哈的另一個中心思想，也是一個人如何應對當下以及過去的方式。阿卡阿姨曾經提到，有次她和祖母在討論庫克船長「發現」夏威夷群島的歷史事件，她問祖母如何在阿羅哈精神以及此事對夏威夷人造成的重大傷害之間和解，祖母告訴她：「若不是這件事情，世界怎麼有機會認識阿羅哈呢？我們又怎麼會記得我們天生就懂無條件的愛呢？」阿卡阿姨聽進了這番話，並將其在世界發揚光大。2014年，她在 Yoga Hub TV 告訴觀眾：「『挑戰』是我們最偉大的老師，『挑戰』讓我們了解自己真實的樣貌。」

　　今日的夏威夷人仍舊面臨著許多挑戰，也有些人擔心阿羅哈精神岌岌可危。每年，夏威夷群島都會吸引超過八百萬人次的觀光人潮，這些觀光客一手帶來錢潮，另一手卻帶來一波波新的發明。「伴隨我長大的道地阿羅哈精神，正面臨被各種發展和被人潮噪音淹沒的危險。」羅伯說。他擔心這會對隨和又多產的群島造成威脅，使得許多人支持夏威夷獨立運動，並對觀光業開始不滿。

　　「我們也長期面臨水權的問題，」席恩說：「河川引流導致島嶼的珊瑚生態逐漸消失，因為就像蜜蜂傳授花粉一樣，洋流也會替珊瑚運輸、散布配子，」不過席恩仍保持樂觀。「我們想辦法跟觀光客接觸、教育他們，」他說：「我們會繼續努力下去。因為阿羅哈在於和諧、同理和尊重。只要這個精神能夠延續下去，我們也就可以繼續下去。」

難就難在這裡。阿羅哈的意思是,在每一天中做出不只對你個人有益的決定,還要照顧到你的家人、土地、你的朋友和文化,這樣才能顧及社群的集體幸福。這就是夏威夷的幸福。這也讓夏威夷文化在世界各地廣受喜愛。

「身為夏威夷人,走到哪裡都有溫情,」席恩說。「我告訴別人我是夏威夷人的時候,對方都會很開心的樣子——大家都對這個地方頗有好感,好像就連不太了解阿羅哈的人,都可以感受到這種精神。這很特別。」

如何點燃你的「阿羅哈」精神？

1

好好認識新朋友，

帶著溫暖、接納、敞開的心胸跟他們打招呼。

2

尊重你的環境。

昨天我在海邊散步時順手撿了垃圾，

因為我受不了一直聽到自己嘖嘴，

便心想不如付諸行動。

結果今天我看到其他人也在撿垃圾。

3

更多的認同。

試著「回歸友善」，看看會發生什麼事。

4

開始從事水上活動——衝浪，

找個皮艇課來上，或就去游個泳，

看你的身體會怎麼感謝你。

ÞETTA REDDAST

一切都會變好的

◆

　　Þetta reddast（發音：「tah-tah-rah-dost」），冰島座右銘，意思是「一切都會變好的」。此片語道出了這個現代維京國的特色，他們隨和卻堅毅不拔──這是種罕見又強大的組合。在面臨困境的時候，冰島人堅信船到橋頭自然直，不管阻礙多大，自然會找到出路。Þetta reddast是韌性，是敲鑼打鼓面對經濟危機，是儘管困難重重，天氣又異常嚴峻，冰島人仍知道自己有成就大事的能力。

ICELAND

冰島

雷克雅維克（Reykjavik）的藍色潟湖浸潤在霧濛濛的水中，覆蓋在地底下的矽泥、礦物升高了兩公里，看起來就像是一大池熱牛奶。潟湖附近的土地，湧出冒煙的硫磺泉水，但是開車南下，便會看見群山、墨色沙地、瀑布和冰河。

冰島的景色不僅非凡超群，也極其嚴峻，低溫可以下探攝氏零下 25 度，冬天每天只有 4 小時的日光。陽光在冰島非常稀有，上班族甚至有額外的「陽光假」（sólarfrí）來享受難能可貴的冰島晴天或是攝氏 18 度的熱浪。1965 年，美國 NASA 為了太空漫步訓練，還特別派阿波羅號太空人到冰島。

「很嚴峻！」雷克雅維克的科技顧問西吉說：「不過我們很悍，我們也非悍不可。」心理師柏納也同意：「冰島人在這艱難的環境中居住，此以為家，成功地創造了家園，因此從小我們就會告訴自己：Þetta reddast。」

在世界幸福排行榜中，冰島經常上榜。西吉和柏納都是我朋友，也是每個人都會想認識的超級好人。他倆已婚，是彼此的配偶。他們和其他三十三萬冰島人體內的冰島基因孕育出了冰島文化，也培育出許多傑出人才如碧玉（Björk）、詩格洛絲（Sigur Rós）、赫爾多爾・拉克斯內斯（Halldór Laxness）、阿諾德・英德希達松（Arnaldur Indriðason）、伊莎・西格朵蒂（Yrsa Sigurðardóttir）、第一位以民主方式選出的女總統芬博阿多蒂爾（Vigdís Finnbogadóttir）以及第一位公開出櫃的同性戀政府官員西古達朵提（Jóhanna Sigurðardóttir）。

冰島的廚具革命

冰島令人印象深刻的還不只冰島人。強壯、肌肉發達、毛髮旺盛的冰島馬也是充滿維京性格，牠們可以整年待在戶外，不用毛毯、不用遮蓋，找到什麼就吃什麼。基本上，冰島這個國家一直以來都表現得很好，直到 2008 年——

那年把世界上許多國家搞垮了，但再慘都沒有冰島慘。

冰島的三大銀行垮了，導致前所未見、世界上最嚴重的金融危機。緊接而來的是經濟蕭條、政治動盪。人民開始對政府貪汙以及無法妥善處理經濟問題強烈不滿，但是就在此時，冰島人向世界展現了他們的 Þetta reddast。「金融危機那段時間非常艱難，我們只能靠著韌性撐下去，」西吉說。「在冰島我們不會動不動就出去抗議遊行，但我們在那次金融危機上街了。我們每週末上街喊：『我們不買帳』。我們採取行動，」柏納說：「我們帶著鍋碗瓢盆，上街敲鑼打鼓，到 Austurvöllur 廣場上遊行，冰島國會就在這個廣場上，每週六我們都在那呼籲改革。」

要求政府官員下台以及重新舉辦選舉的「冰島廚具革命」就這樣展開。2012 年中，新政府成立，冰島成了歐洲復甦的成功案例。在金融危機時，冰島的整體幸福指數只有些微下滑，甚至還有 25% 的冰島人認為，自己比從前更加幸福。「這是因為我們成功證明了自己的能力，」柏納說：「這就是 Þetta reddast 的例子。韌性深植於我們的基因中。」

冰島兒童的韌性訓練

「維京人來到冰島時，必須在黑暗和極冷的天氣中生存，所以我們現在也必須想辦法生存。」西吉也同意。現在，冰島兒童都要接受韌性訓練。孩子在很小的年紀就要走很長的路、在室外學習，不管天氣如何，因為如果冰島孩子不能在什麼天氣都出門，在冬天就更不可能出門了。順帶一提，冰島人非常信任人性，六歲小孩在黑暗的冬天獨自走路上學，非常常見。

冰島人的內心生活

　　冰島氣候造就了冰島人豐富的內心生活。「當外頭一片漆黑的時候，你就會有想要說故事的慾望。到了夏天，整天幾乎都是白天，人們的行為也開始不一樣。」柏納告訴我。「首先，永晝令人難以入睡，不過也帶來很多想像空間。」

　　Þetta reddast 的概念，交織在冰島人流傳了幾千年的各種故事中。這個國家有豐富的文學，最早可以追溯至古冰島文學薩迦（Saga）——逆境中的維京英雄故事。冰島也有很多關於精靈「Huldufólk」（隱藏的人）的傳說，西元1000 年維京人登陸時，這些故事就成了冰島歷史的一部分。根據雷克雅維克精靈學校的校長馬克努斯・史卡佩丁森（Magnus Skarphedinsson），有 54% 的冰島人相信精靈，90% 的冰島人「認為精靈有可能存在」。就連小孩聽的故事，也宣揚了 Þetta reddast 精神。冰島耶誕節沒有耶誕老人，「照顧」冰島小孩的是「Yule lads」——這十三隻北歐精靈會在耶誕節前夕造訪孩子們，捉弄他們。這些精靈有著「摔門者」、「嗅門廊者」或「窗戶偷看者」這類的名字。我告訴柏納和西吉，這些耶誕精靈聽起來有點恐怖，但柏納說這沒什麼：「我們還有耶誕貓，專吃沒有新衣服穿的小孩。是啦，是聽起來滿可怕的，但我猜這是

為了要鼓勵父母織雙新襪子⋯⋯」不用說，冰島人懂得正視自己的黑暗面。他們沒有刻意營造浪漫的那種迪士尼童話故事。

讀書讓我們快樂

冰島人在幸福排行榜上名列前茅，還有一個原因：冰島人很愛讀書。腦部掃描指出，當我們在閱讀的時候，我們會在心裡反覆演練著故事中的活動、景象和聲音，刺激我們的神經連結。經過證實，浸淫書中也可以加強同理心，甚至強化幸福程度。「Blindur er bóklaus maður」是冰島人常說的一句話，意思是：「無書則瞎」。

「書在我們的心中有特殊的一席之地，因為書在冰島的地位實在是太重要了。」西吉說。冰島有個在平安夜交換書籍的傳統，還有年度的「jolabokaflod」（耶誕書潮），大多數的書都會在九月和十二月之間售出，好讓冰島人準備作為耶誕節的贈書。冰島家戶戶都會免費收到一份叫做「bokatidindi」的新書目錄，西吉想起小時候仔細翻閱著目錄，圈出自己想要的書（很像八〇年代英國小孩看 Argos 郵購目錄那樣），眼神閃爍著光芒。

冰島人對文字的熱情，使得冰島的作家人數、出版書籍數量、每人閱讀的書量，都比世界上其他國家來得多。根據英國 BBC，十個冰島人中，有一人一生會出版一本書。甚至有一個廣為流傳的笑話是說，有天雷克雅維克會設立一尊人像，向冰島唯一一位沒有寫過書的人致敬。

維京血統的反骨精神

「只要我們想要做某事，就沒有什麼攔得住我們。」柏納說。所以，如果你想要寫書或是跑馬拉松，就去做。因為 Þetta reddast，一切都會變好的。「我認為這種自信和我們的維京血統有關，」柏納說：「我們有一股反骨精神，逃離歐洲大陸，把一個不是很友善的環境變成了我們的家園。正因如此，我們感覺自己很特別。我相信我能成就偉大的事，因為我是冰島人。我們知道自己能化腐朽為神奇，我們也從小被灌輸這樣的概念——有種特別的力量在帶領我們前進。」

「而且這種自信也讓我們有所收穫，」柏納補充道：「看看我們的足球，怎麼可能？」她大笑。我跟足球很不熟，但就連我也大概知道冰島足球隊表現得「還不錯」。「或是混合健身（crossfit）」西吉繼續說：「世界健美小姐前四名有三個人是冰島人。不可思議！」

他說的沒錯。有幾個 Instagram 帳號或關鍵字很激勵人，值得追蹤——凱特琳・譚雅・達文斯多特（Katrín Tanja Davíðsdóttir）、安妮・索斯多爾（Annie Thorisdóttir）和「Elmóður」——火之心，每個冰島人好像都擁有這個特質，他們的內心有一把火焰，不管是零下的溫度或是暴風雪，都無法在其中生存。「我們很悍，」柏納說：「我們很有韌性，而且我們擁有 Þetta reddast 的人生態度，所以任何事都難不倒我們！」

如何建立起「Þetta reddast」，
一切都會變好的心態？

1

正面思考：

幾乎整年都住在大冰箱裡的冰島人可以保持正面積極，

你當然也可以。

2

發揮創意：

善用手邊資源，把漫長的冬夜變成一件令人享受的事。

3

如果外在環境不宜人居，好好發展你的內心世界：

讀本書，或像冰島人一樣，寫本書。

4

變壯，維京人的那種壯：

健身、鍛鍊肌肉，最重要的是，吃魚油。

冰島人堅信魚油可以改善心理和健康狀態。

魚油膠囊也可以，但正統的吃法是用湯匙喝。

冰島有句話說：不能直接從瓶裡吃，就不是真男人。

（柏納警告：魚油要空腹喝，這樣打嗝才不會帶魚腥味。）

JUGAAD

生活小智慧

Jugaad（發音：「juugard」），可作名詞或動詞，是印度語中的口語詞，意為「簡約的創新」，或是「生活妙方」，也可以說是一種無論如何都要完成的態度與投入。「Jugaad」一詞原指一九五○年代，報廢軍用吉普車零件拼湊而成的克難卡車，現在，Jugaad一詞被拿來指即興創意以及善用資源。這是印度特有的哲學，是運用手邊的資源來把事情做到最好。

INDIA

印度

　　朋友法蒂瑪在孟買近郊一間簡樸的房子中長大，家裡有兩個年紀較小的弟妹、父母、祖父母、阿姨、叔叔以及兩個表手足。「一共十一個人住在同一個屋簷下，雖然這種生活有很多趣味，但是空間如此狹小，就會需要運用一些『Jugaad』生活小智慧。」他們很早就學會了包容與原諒，但是要擠出個人空間幾乎是不可能的任務，法蒂瑪從來都沒有自己的房間。「晚上我睡在客廳的床墊上，這是無所謂，但我一直很想要一面牆，我想在牆上貼海報、貼貼紙、掛東西。一九八〇年代，妳知道的。」

　　我點點頭：我知道。大約在 1988 年的時候，貼紙是我的一切。「我不能在客廳掛東西，因為怕有客人來，要保持乾淨整潔，」法蒂瑪告訴我：「所以我媽發揮『Jugaad』精神，運用了一些小巧思，她給我一個櫃子，要我保持櫃子外觀乾淨，但打開門，裡面就是屬於我的空間。」

　　她邊回憶邊露出了燦爛的笑容。法蒂瑪的老公也是 Jugaad 狂熱分子。他在果亞（Goa）的鄉下長大，那裡沒有玩具店，「所以他以前都用樹林裡找到的東西自己做玩具。」自己的玩具自己做？我環顧了一下我兒子收藏的大量樂高，真尷尬。「當然囉，這就是 Jugaad。」

　　這一點也不稀奇。來自清奈（Chennai）的席德以前會用椰子樹枝做板球棒。「我們甚至會用熨斗烤吐司和煎蛋。」是成功了，不過搞得很髒。「第二次是改良版，我們把鐵餐盤放在熨斗上做，超級成功！」

印度式的創意、善用資源：Jugaad

　　「Jugaad」──印度即興發想、創意、善用資源的精神──代表找到快速的解決方法，盡你所能達成目標。「也許無法完

美，但是慢慢會變好的。」法蒂瑪說。這就像是召喚出一九七〇年代的管理顧問──這些人最擅長跳脫思考框架。這就是印度人的生活方式。法蒂瑪在 2014 年首次搭飛機離開印度。她現在和我住在同一條路上，我們兩個會一起去上「免費舞蹈」課，她在課堂上表現得很好（原因：Jugaad），我則像隻嚇壞了的螃蟹一樣，浮浮沉沉（原因：英國人）。

法蒂瑪從 6,616 公里的遠方遙望自己的家鄉，總是會有些新鮮的觀點。她發現西方人會向東方尋求心靈層面的事物，以便跳脫物質享受的生活，她覺得很有趣。「雖說西方國家每個人都想追求更好的物質享受，而多數印度人沒有足夠的生存資源。」但是她也注意到，她過去視之為理所當然的 Jugaad 生活方式是一個資產。「Jugaad 是與其坐著被動等待理想的環境或條件，不如主動想辦法達成目標──印度人很擅長日常生活中的小發明以及採取行動。」換句話說：把事情「喬」好。

「我可能會在工作的時候說：『我 Jugaad 一下』，」法蒂瑪說：「這樣說的意思就是：我來想辦法。」Jugaad 要你盡力做到最好，確保可以達成好的成果。「但如果半路殺出程咬金或是事情進展不盡人意，我們也不會生悶氣，試試別的方法就是了。我們沒有時間坐在那思考人生，慢慢思考太奢侈了。我們會直接執行替代方案。」印度有十三億人口，資源大家都在搶，所以我們會用 Jugaad 來替自己創造更多機會。

法蒂瑪說，她以前在老家常搭嘟嘟車上禱告學校，嘟嘟車司機會想辦法多弄出一個座位，多賺一個乘客的錢。「他們會在駕駛座旁自製一個小坐檯，或是在原本的乘客座位前面加一個小木板，把小孩擠在那，然後自稱校車。」外人看到這個景象，通常會覺得很吃驚。「但是在印度，這很合理，因為這樣你有車搭，司機也可以多賺一點。」

我們不一定需要更多資源，我們可以在有限的環境中發揮創意，創造出可以滿足當下需要的東西。「生活或工作有壓力時，我不太容易焦慮，我總是可以想出辦法。」她深信 Jugaad 是一條可行之路。我不禁想，每個工作都需要一個法蒂瑪，而在近幾年當中，Jugaad 也的確是各路管理大師稱頌的做事方法。劍橋大學的學者認為，Jugaad 不僅對新興國家有助益，還可以作為已開發國家金融危機的解藥，這些國家需要在有限的資源下更有彈性、更有創意的思考。

印度式的精神實現

這些都很好，不過也有個危險，就是我們可能會把 Jugaad 的根本價值想得太過美好。就像法蒂瑪說的一樣：「許多印度人靠著 Jugaad 生存下去，是因為他們別無選擇。」根據美國心理學家亞伯拉罕・馬斯洛（Abraham Maslow），人類的基本需求有五個層次，要先滿足一個層次的需求，才會開始擔心下一個層次的事情。

從基本需求開始：食物、水、睡眠，再來是安全需求：身體安全、健康和就業。兩個層面的需求都被滿足後，我們才會開始注意到「歸屬感」（友誼和親密關係）的需求，接下來是第四層，「自我實現」，人在生活中最高層次的目標：了解「我是誰？我是為了什麼而存在？」

但是在印度，這個金字塔是倒過來的。「精神層面的需求非常重要，在印度，大家都很注重自我實現，但是很多人連基本的需求都沒有辦法滿足。」法蒂瑪說。生命中最美好的事物也許是免費的，但是普林斯頓大學和普渡大學有幾份研究顯示，金錢能替我們買到一定程度的幸福。這條滿足線因國家和研究而異（美國大約落在 75,000 ～ 95,000 美元之間），我們至少要有足夠的經濟能力，來滿足我們的基本需求，讓我們感到舒適、富足。就算把地域變數納入考量，印度的平均收入仍遠不及「舒適」。若是在印度生病了，你上的醫院以及

獲得的醫療照護品質,取決於你有多少錢。從這個角度來看,金錢與幸福有直接的關係。麻煩就在這裡。

「印度人 Jugaad 不是因為 Jugaad 帶來創意,而因為缺乏機會。」孟買古德萊吉印度文化實驗室(Godrej India Culture Lab)執行長,同時也是作家的帕爾梅.夏哈尼(Parmesh Shahani)說:「我們用較少的資源完成工作,我們會想辦法。但是在印度,這不會被拿來歌功頌德,說自己多會運用資源。大家用 Jugaad 的心態做事,是為了要生存下去。」唯有堅韌剛毅才能把事情做好。

夏哈尼在其作《同志孟買:當代印度的全球化、愛、渴望與歸屬感》做研究時發現,Jugaad 是 LGBT 族群生存的條件:「我們發揮創意,重新想像同志關係的意義,」長期交往的同志都未向家人出櫃,只有週末才能與情人見面。「這是因為,同志關係不合法、某些地區的社會風氣仍不太接受同性戀。」他告訴我。

夏哈尼用「感情 Jugaad」來形容這種生存策略,反映出印度 LGBT 社群的堅韌。「但都已經過了十年,還是一點改變都沒有,」他說:「我不想要『發揮創意重新想像』我的感情。」這種生活方式會造成很大的壓力,但是很多人也無法承受另一條路──要麼與家人老死不相往來,要麼不再與愛人相見。

貧窮的情況在印度相當普遍,根據世界銀行統計資料庫,共有二億七千萬的印度人入不敷出,無法滿足基本的生活需求。「每個新政府都會提出承諾,但是卻未能挹注資金,」夏哈尼說:「所以在印度,對許多人來說,Jugaad 不是一種選擇。」假使生活穩定,用 Jugaad 態度做事當然很美好,但若是出於無奈就不美好了。

「如果你的餐桌上有食物，也沒有人會因為你的伴侶而把你趕出家門，那 Jugaad 就是件好事。」夏哈尼說。因為當你的基本需求已經得到滿足的時候，Jugaad 就能讓你如虎添翼。法蒂瑪同意：「如果你已經擁有基本需求，Jugaad 可以幫助你爬上馬斯洛金字塔的頂端，但前提，你的基本需求必須先被滿足。」

「剛剛好，就好」生活態度

談到印度的 Jugaad，有一個非常關鍵的矛盾──這種幸福、成功人生的哲學在印度以外的地方最有成效，我們對此應該都要有點罪惡感。但我們也可以繼續努力，努力把這個世界變成一個更好的地方、努力更有韌性、努力繼續往前，好好運用 Jugaad 精神。

事情總是不盡完美，但是這種「剛剛好，就好」的概念拯救了地球一半的人類，所以這種生活哲學一定有什麼是值得我們借鏡的──創意可以讓我們把手邊所有的東西運用到極致。我們都是嘟嘟車司機，我們都在夾縫中求生存。所以，盡力、發揮創意、超越常規，不用跳脫思考框架了，直接燒了框架吧！（再說，誰需要框架呢？）

如何拿出「Jugaad」精神，發揮生活小智慧？

1

在有限的資源裡創新。

沒有自己的房間，甚至連自己的一面牆都沒有？

找個「櫃子」之類的，暫時解決的你需求。

2

用更少的資源做更多的事情。

若生命給你椰子枝，就把它削成你自己的板球棒吧。

3

能屈能伸、發揮創意。

想吃煎蛋三明治？想辦法自製一個克難鐵板，變出三明治。

4

事情進展不如人意？那就使用備案吧。

不要停下來思考人生，不要生悶氣。

這是我們每個人都希望可以駕馭的幸福人生重要課題。

5

想想，如果能更常說「可以」，會怎麼樣？

不知道該如何完成某件事？

你一定能找到知道怎麼完成的人。

丟掉恐懼，去做就對了。

CRAIC

愛爾蘭式趣味

———————◆———————

　　Craic，名詞，來自中古英語的「Crak」。十八世紀，這個字在蘇格蘭用來指「對話」或「新聞」。十九世紀傳至英國，開始被用來指八卦，接著在二十世紀中傳到北愛爾蘭。Crak一詞被收編入愛爾蘭語言，用蓋爾語（Gaelic）拼法穿上了新衣，成了Craic。但一直到了一九七〇年代，談話節目主持人尚・布蘭・布瑞斯尼克（Seán Bán Breathnach）把這一詞用在他的經典句：「Beidh ceol, caint agus Craic againn!」（我們會有音樂、談話和Criac），Craic才開始廣為使用。那時起，Craic一詞就開始被用來指上述所有元素，甚至包羅「各種有趣的事」。你可以這樣使用：「What's the craic?」（有什麼好玩的?）、「It was good craic」（很有趣）以及「the craic was mighty」（太有趣了）。

IRELAND

愛爾蘭

在威克洛郡，一隻四歲的獚犬「狄尼」（「丹尼斯」的暱稱，愛爾蘭口音）有點跩跩地坐在酒吧內的高腳椅上——牠也是跩得有理啦，畢竟在這週一的夜晚，這麼多人一齊替牠唱著晚安曲。我朋友妮爾芙出門來一杯，只是為了帶狄尼出去散散步，但她現在卻跟二十五個當地顧客圍成了一圈，齊唱著《悲慘世界》的〈只待明日〉（One Day More）。酒吧內每個人都紅著眼眶。這就是Craic。

來自都柏林的妮爾芙是藝術家與室內空間裝潢師，她很懂得觀察周遭環境，因此，由她來帶我進入 Craic 最適合不過。我用我家鄉的口音根本發不出Craic 這個字，「怎麼聽都不對勁！」我告訴妮爾芙。「是沒錯，真的不太對勁，」她也同意。「『Craic』在愛爾蘭算是一個比較新的詞，但是我們在這個詞出現之前就有這種精神了。」她說。一九七○年代以前，這種精神僅被稱作「愛爾蘭精神」，不怎麼朗朗上口，所以後來才成了 Craic。愛爾蘭在英國幸福調查中一向名列前茅，所以應該有什麼是我們可以向這個綠寶石島嶼學習的。

「故事」讓愛爾蘭人連結在一起

「Craic 的關鍵是說故事，」妮爾芙告訴我：「不管是透過對話、歌曲或是詩詞都可以，Craic 是分享經歷。」而且 Craic 無所不在。酒吧在某些夜晚會設「故事角落」，讓想說話的人上去說十五分鐘，有點像是開放麥克風的舞台，

只不過沒有麥克風。在愛爾蘭人家中,則會特別在爐邊設置一個小角落讓大家聚在一起。「你可以講講新鮮事,像是八卦或是當天的新聞,也可以講好久好久的故事。」她說:「有些故事情節我倒背如流,但其實從來沒有自己親自讀過,例如《里爾王的孩子們》(The Children of Lir),故事中的繼母把孩子們變成了天鵝;或是《妮爾芙與青春之地》(Niamh and the Land of the Ever Young),我的名字妮爾芙就是來自這個故事。」

在《妮爾芙與青春之地》中,女主角妮爾芙愛上了歐洲的一名戰士,把他帶回了愛爾蘭。「但是戰士到了愛爾蘭之後開始想家,」妮爾芙這樣告訴我,彷彿戰士的套路就是這樣。「所以妮爾芙借給戰士一匹神馬讓他回家,但要戰士在路途中不可以下馬。一開始都很好,但後來戰士看見一名男子在搬石頭,便停下來幫忙──果不其然,摔下了馬背。」

這名不幸的戰士享年三百歲,從此再未見到他的摯愛。故事內容令人沮喪,但是卻又充滿魅力,足以傳誦好幾個世代,而這些人的說故事技巧甚至可以讓愛爾蘭成為幸福聯盟的一員,令人稱羨。

劍橋大學的心理學者發現,聽慘絕人寰的悲歌可以增進團體的向心力,還可以刺激腦內啡釋放,因為我們的身體會準備在現實生活中,抵抗想像世界中的「痛苦」。當我們感到害怕的時候,或在團體中分享悲傷故事的時候,會感覺更幸福。雖然聽起來有點不合理。

「類似的故事一直都在壁爐邊流傳著。」妮爾芙說。這項傳統也孕育出史上許多偉大的說故事好手。「你想想，一個人口只有 470 萬的國家出了這麼多作家和歌手，詹姆士·喬伊斯（James Joyce）、蕭伯納（George Bernard Shaw），就連西恩·麥克格瓦（Shane MacGowan，妮爾芙的遠房表哥）都是很棒的詩人。愛爾蘭人體內流著創意的血液，愛爾蘭也是一個鼓勵創意的地方。在我小的時候，我們會拿著一袋薯片和一罐插著紙吸管的可樂，在酒吧內聽著祖父母說故事或唱歌。」

上酒吧，提升幸福指數

在世界各地，愛爾蘭都是酒吧的代名詞，喜歡喝酒社交的人要是知道，上酒吧也可以提升幸福指數，一定會很開心。倫敦經濟學院的學者發現，在社交環境中喝酒時，幸福程度提高了將近 11%。愛爾蘭人很早就開始喝酒社交，與朋友喝酒這種 Craic 滿點的活動，早已實行了一千年。

據說愛爾蘭最早的酒吧出現於十世紀威斯米什郡（County Westmeath）的亞斯崙（Athlone）。在十九世紀的禁酒運動時，非法的地下酒吧還販售波丁酒（poitín）——這是一種以馬鈴薯蒸餾而成的烈酒，酒精濃度介於 40% ～ 90% 之間（順帶一提，波丁酒在《時代》雜誌〈十大荒謬烈酒〉中排名第四）。

「但是愛爾蘭人很討厭被飲酒還有健力士劃上等號，」妮爾芙告訴我：「而且我覺得英國人其實喝得更兇」。二〇〇〇年代早期，我和妮爾芙在里奇蒙（Richmond）當同事的時候，都很喜歡在白天的尾聲喝酒，我緩緩地告訴她，時代變了：「兩小時的 Oyster Bay 夏多內和雞肉法式三明治午餐，已經是過去式了。」我們同時替逝去的過去默哀了一下。「不過，」妮爾芙堅持：「Craic

的重點在於故事，而不是喝個爛醉。」

這並不是說愛爾蘭人就不狂喝，不跳大河之舞，也不喜歡丹尼爾．歐唐納爾（Daniel O'Donnell）輕唱出其他地方對 Craic 的刻板印象，而是他們會看場合。「戈爾韋郡（Galway）或凱里郡（County Kerry）等地區會替觀光客上演這些戲碼，」妮爾芙說：「但一般來說，在多數小鎮中，大家也都非常喜歡說故事和唱歌。」

過去那種快樂時光氛圍有點被現代科技侵蝕了，許多酒吧牆上現在都有電視當背景，「電視上播的通常都是球賽或是《最弱一環》（The Weakest Link），都快把我搞瘋了，」妮爾芙承認。「但如果大家真的特別開心地唱歌或是講故事，酒吧有可能會為此按靜音。在愛爾蘭，這是最高的尊重。」

「有一次，幾個玩鄉村音樂的男子在酒吧演奏音樂，當時大概只有四個客人，」她說：「我男友拱我出去，說：『妮爾芙可以唱歌。』我心想：『好啊，那我就來唱首歌。』有好歌喉就有責任好好運用──我們從小就被灌輸這種觀念，如果有人叫你唱歌，你就唱。後來其他人也加入了，我們便開始唱起段落沒完沒了的愛爾蘭流行歌曲，真的數不完，如果你不知道開頭怎麼唱，唱到第十七段就會知道了。」後來妮爾芙和她的新朋友就這樣唱到了凌晨三點。一直要唱到有人大喊：「啊，就到這裡吧！」才會結束，這時大家才會蹣跚地返家。

這是最高等級的 Craic，她告訴我：「隨性、特別、兼容並蓄，所有人都可以加入，不一定要說愛爾蘭故事，不一定要唱愛爾蘭歌曲（見《悲慘世界》）。Craic 的最高境界，真的很可愛。你會大受感動，覺得能身為團體的一份子非常榮幸。」

在苦難中看到幸福

「在愛爾蘭,我們很擅長找樂子,」妮爾芙說。因為工作的關係,妮爾芙收藏了很多舊傢俱,若是刮開上個世紀的椅子或衣櫃,都可以看到這些傢俱底下藏著的五顏六色。「米黃漆、灰漆或白漆底下藏著亮黃色、草綠色或亮藍色。這很像我身上的愛爾蘭特質——我們經歷了困苦的日子以及恐怖的壓迫,但是我們找到了保持正向積極的方式。」

這種苦難也造就了對一切美好事物的感激之情,以及隨時準備好要歡慶日常瑣事的心態。舉例來說,愛爾蘭有個特別的傳統節慶:一月六日的「女人耶誕節」。這個日子在基督教文化中,大多為耶誕慶祝活動的尾聲,但是在愛爾蘭,這是一個特別的日子,這一天,女人可以在忙得不可開交的假期過後,放下頭髮。「女人忙個整整十二天實在很累,」妮爾芙說:「這一天,她們可以說:『不管了,我已經削這麼多馬鈴薯了,今晚不幹活。』」所以實際上,一月六日就是國際女性 Craic 日。

「身為愛爾蘭人也許是有點悲傷,但我覺得我們還是幸福的,」妮爾芙說:「你想想,我們經歷了四百年的鳥事,從飢荒到克倫威爾(Cromwell)。我們很『擅長』受到壓迫,但我們是一個獨立的國家;我們經歷了嚴峻的不景氣,但我們可以往好處想,也知道怎麼找樂子;我們要面對很多事情,但我們仍掛著微笑。這就是 Craic。」

如何體驗「Craic」，愛爾蘭式趣味？

1

說出你的故事，聆聽別人說他們的故事。

在婚禮或晚餐時坐在陌生人旁邊？跟他們深聊。

找出令他們感興趣的事情。

2

看部心理驚悚片、看齣恐怖片，

或是和朋友分享悲慘的故事，藉此拉近距離，

刺激腦內啡釋放，讓自己更快樂。

3

及時行樂，看看今晚有什麼樂子。

難忘、特別的夜晚通常都在計畫之外，

也不會受到宵禁限制。

4

發自內心唱歌，可以的話，唱到凌晨三點。

試著不要太擔心隔天一大早的事，專心活在當下。

多花點時間與人相處，少拘泥於控制中、安排好、

按顏色分類的行事曆生活。

DOLCE FAR NIENTE

無所事事的甜美

———————◆———————

    Dolce far niente，意為無所事事的甜美。Dolce來自拉丁文「dulcis」（甜）；far源自「facere」（做或從事）；nec entem直譯為：「不是一種存在」。雖然很難追究此片語究竟何時首度出現（使用者都太與世無爭了，根本懶得寫下來），但可以知道的是，十八世紀著名義大利探險家卡薩諾瓦（Casanova）的回憶錄中，有這個片語的蹤影。大概是他終於對肉體和地理的探索感到疲乏，需要休息了。Dolce far niente在現今是一種寶貴的概念，很少被拿來掛在嘴邊，但常在Instagram上被標#字，搭配義大利人躺在吊床上的圖片。卡薩諾瓦若知道了會很#驕傲！

ITALY

義大利

忘掉《甜蜜的生活》（La Dolce Vita）中，安妮塔·艾格寶（Anita Ekberg）於破曉時在特萊維噴泉踏著水的場景，想想費里尼（Fellini）在殺青派對中，在吊床上睡著的畫面吧。或是想想某個遙遠的夏日，坐在樹蔭下的模糊記憶，那時你還沒被工作、家庭以及「生活的大輪」給霸占。

「Dolce far niente」無所事事的哲學觀

「Dolce far niente」是舒展心靈，歡慶無所事事——這在世界上其他主要信奉「忙碌教」的地方，經常被嚴厲斥責。好啦，義大利近幾年在各種幸福排行榜上雖未能名列前茅，但是無憂無慮的義大利特質並沒有消失也是有它的原因。義大利人的「無所事事」和其他國家大不相同，要提升這門藝術需要風格和技術，因為這裡面蘊含很深的哲理。

「對義大利人而言，Dolce far niente 幾乎像是一種挑釁，」羅馬出生長大的諧星弗朗切斯科·德卡羅（Francesco De Carlo）說：「我們住在一個貪汙非常嚴重的國家，我們不相信法律、不相信規定、不相信社會……我們甚至不喜

歡足球裁判，即使我們那麼熱愛足球。」他告訴我：「那幹麼不選擇抽身？幹麼不趁機休息一下，讓自己開心？此外，義大利是個比較年輕的國家，我覺得這也有很大的影響，」德卡羅補充說明：「1861 年以前，義大利一直都是由其他國家治理，所以我們現在有點像是反骨的青少年！」

　　一直以來，義大利人對達官顯要都是出了名的善質疑，又愛用諷刺挖苦來表達不滿——從對貝魯斯柯尼（Berlusconi）的各種嘲諷，到即興喜劇，還有達里歐‧傅（Dario Fo）的作品都是。近幾年義大利面臨的問題，已經超過他們所能承受，二戰至今，他們經歷了史上最長的經濟蕭條，最近才慢慢開始復原。經濟危機重挫了義大利——一項 2013 年的研究顯示，義大利的貧窮比例在過去五年當中翻了幾乎一倍。失業率非常高，就是有工作的人工作狀態也相當不穩定。多數義大利人表示，自己對義大利的政治人物非常沒有信心，義大利國家統計局（ISTAT）的一項調查也支持德卡羅的看法，發現有將近 80% 的義大利人不信任其他義大利人。

　　「羅馬一直以來都是政治、國會、教宗和貪腐之城，」德卡羅說：「我們不覺得國家或社會關心我們，那我們幹麼要關心國家、社會？」他說，在義大利很常可以聽到人說「Chissenefrega」，大概可以翻譯成「誰在乎啊？」。「但我們當然有情緒，」德卡羅澄清：「老天！我們情緒可多了！我們有愛、有熱情，還有黑手黨——彷彿極端在義大利是種常態。你在義大利開過車嗎？就連車子在路上都會互鬥。」我告訴他我還記得 2013 年，在西西里看到的四車爭執景象。「所以你懂！義大利到處都是混亂，唯一可以依靠的只有親朋好友。」德卡羅說。

義大利人：幸福都是些小事

　　德卡羅補充：「幸福都是些小事。」幸福是邊喝咖啡邊吃甜筒，看著世界運行。幸福是嘲笑觀光客、政治人物，或教宗。「或是其他的一切，真的。」德卡羅說：「我們必須笑，因為若不能笑就只能哭，所以幽默感很重要。尤其是在羅馬，人人皆是諧星。服務生送咖啡給你的途中會停下來，先講個笑話給整間餐廳的人聽。你只能等。」時間一分一秒的過去，與其在桌上敲手指或是瘋狂滑手機，義大利人會輕鬆度過這段時刻，這就是 Dolce far niente。

　　「在英國，大家都很執著於行程表，每一件事情都要準時，」德卡羅搖搖頭：「大家不停地工作，等到工作結束後就失控狂喝，喝到忘了自己是誰。」我坐立難安地移動了一下身子。「但是在義大利，我們喝酒是為了讓自己開心。對義大利人來說，上下班的差別不大，我們不會太擔心未來，Chissenefrega，我們享受當下。」

在日常生活中儲存「幸福額度」

　　這種思維模式之所以具革命性，是因為它其實非常簡單。我們很多人放鬆的方式是到異地旅遊、喝到忘了自己是誰，或是找自己最喜歡的方式來隔絕現實生活的噪音。如果讓這些紛紛擾擾環繞我們，或是像泡熱水澡一樣浸入其中呢？如果，與其儲存我們的「幸福額度」，一年逃避一次，而是把這些快樂額度分攤　在一年中的每一分鐘、每一小時、每一天，試著「享受人生」呢？

　　義大利文中，也有類似於西班牙文「Siesta」（午睡）的「Penichella」，或是充滿詩意，意指「在陰涼處度過一天當中最熱的幾個小時」的「Meriggiare」，以及用來形

容吃完大餐之後飽到想睡的名詞「Abbiocco」。「睡意」在義大利是一種藝術表現形式，所以「無所事事」也才會被收錄在義文詞彙庫中。「你來自哪裡並不重要，義大利各處的人都很擅長 Dolce far niente。」來自馬焦雷湖（Lake Maggiore）的朋友琪雅拉說。

完完全全享受、品味時間

琪雅拉目前住在丹麥，與來自世界其他地方，不太能消化無所事事的概念的外國人一起工作。「義大利人可能會說：『你明天沒有安排？真好。』」琪雅拉說：「但是德國人和丹麥人會很慌！他們會問：『為什麼？你還好嗎？』我試著向他們解釋，讓自己完完全全地享受、品味時間是一件美好的事——對義大利人來說，Dolce far niente 就是日常生活的一部分。但是他們就是不明白，也沒有這種奢侈！」

義大利人不會老是嚷嚷叫你要 Dolce far niente，琪雅拉告訴我：「因為『far』這個動詞形式沒有指使的意味。」顯然，Dolce far niente「重的是一種感覺，而且也是 Instagram 的 # 標記。」她說。目前共有十六萬七千則 Instagram 發文標

記了 Dolce far niente，其中有一半的發文是吊床照片，其他照片的主角則是酒。

「在義大利，不管你當下跟誰在一起，下午五點一到，對方就會說『好吧！咱們去喝杯紅酒吧！』」琪雅拉告訴我：「你家裡可能有小孩，但我們不會太擔心，因為這一個小時，你要和身邊的人一起享受好時光，不論他們是誰。」這些人是不是跟你特別親，其實並不重要，「舉例來說，我可能會和健身房的健身夥伴一起去喝杯啤酒。」

什麼都不做，手拿氣泡酒等吃飯

Dolce far niente 的意思是「享受當下」。「對我來說，」琪雅拉說：「Dolce far niente 就是在午飯前坐在陰涼處，手裡拿著一杯氣泡酒，也許是個八月天，在義大利人都不用上班的時候，那時除了坐著吃東西以外什麼事都不能幹。」Dolce far niente 通常都有酒，對很多人來說，食物也是很重要的一環。我想了想，然後問她：妳在用餐，那是誰在做菜？

「嗯……是啦……」她告訴我：「做菜的會是你祖母，或是某人的祖母。」義大利的傳統是祖母治家，但她們同時也必須餵飽家人。琪雅拉告訴我，她老公的祖母諾娜已經九十三歲了，仍堅持要替全家做飯。「千層麵、焗烤義大利麵——所有進烤箱的佳餚都有。」她對我說著，眼神好似在追溯著遙遠的義大利麵回憶。我說這聽起來很辛苦，她告訴我：「這沒什麼，托斯卡尼的祖母早上五點就會起床準備麵條，用正統的方式桿麵，指尖的力道非常精準。」這是 Dolce far niente 伴隨的副作用？讓別人來完成你該完成的工作？

「差不多就這個意思，」是她的回答。「我媽現在已經做祖母了，」琪雅拉說：「她還留著她祖母留下來的桿麵棍。」她告訴我：「就是這支桿麵棍！

有一天妳也會得到祖傳桿麵棍！小時後祖母跟我們住在一起，她總是替我們做飯，我最美好的回憶，多是與祖母相處的時光。小時候，等待晚餐的時候，祖母會把做菜用不到的帕馬森乳酪邊，用瓦斯爐上的火烤一下，烤到口感變得紮實後，包在紙裡拿給我們吃。」琪雅拉越說越小聲，我們暫停了一下，整理思緒，口水都流出來了。

「所以說，是沒錯啦，會有人在做事，但不是我們！」那換妳當祖母的時候怎麼辦？「那就要接受事實，妳可以當老大，但妳也要負責做菜、照顧小孩，」琪雅拉說：「就只能這樣，但我也不會想要改變這一切！」

活在當下的哲學觀

義大利人對自己國家的傳統感到非常自豪——舉凡羅馬帝國和義大利哲學家等。孩子們從小就在學習帝國和哲學相關知識，而成人則有另一個從古至今的守則需要誓言遵守，那就是「Carpe diem」（活在當下）。「在今天的義大利，還是能聽到這個拉丁片語，而且我們總有種明天也許永遠不會來的感覺，所以要活在當下——更重要的是，要揮霍當下。」

琪雅拉說：「對許多義大利人來說，地位的象徵仍非常重要，有人認為『幸福』就像是輛大車或是一個精品手提包。我們不知道什麼叫根據自己擁有的資源，來限制自己的生活。」當下的快樂，通常比長期的幸福更重要，琪雅拉還說：「你的地位比你的銀行存款重要——因為外表很重要。」

　　我過去在光鮮亮麗的雜誌社工作，常在時裝周時漫步紐約、倫敦、米蘭和巴黎，所以這點我還有印象。米蘭一直都是我人生的巔峰，不只是因為好吃的義大利麵，也不是因為他們有最時尚的服飾。我愛的是他們那種輝煌、浮誇的表現──凡賽斯（Versace）五顏六色、富麗堂皇、生氣蓬勃的時裝秀；超有戲劇張力的 D&G（他們的旗艦店／旗艦豪宅本身就非常壯觀）；還有 Valentino 或 Moschino 那種「把所有單品一股腦全丟到假人模特兒身上看看哪些適合」的大膽作風。「義大利沒有極簡主義，」琪雅拉說：「不管在哪一個國家，我都可以在五秒內就看出誰是義大利人。」德卡羅也同意：「我們是孔雀。」

　　義大利是充滿矛盾的國家──熱情卻慵懶；及時行樂，日後還債；他們講 Carpe diem，但是天主教傳統又使他們因此產生罪惡感，於是他們得花上好些時間在告解室中告解。琪雅拉說：「我們知道有天我們該做的事會自己出現。」就像是媽媽的桿麵棍一樣，還有，總會有人下廚。「只是當你在享受 Dolce far niente 的時候，還不用你做事，還沒輪到你。」在那之前，當務之急大概是先小睡好幾回，或是來杯普羅塞克氣泡酒。

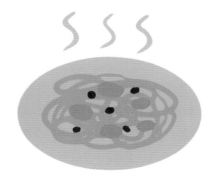

如何體驗「Dolce far niente」，無所事事的甜美？

1

在週間安排一天休假，什麼事也不幹。
不要告訴任何人，免得他們想了一堆計畫（搞不好是雜事，更慘）
來填滿你的每個小時，好好享受Dolce far niente。

2

回到「正常」的生活了？
與其在空檔時間收信，
或是滑臉書看業務部的莎莉放假時做了什麼事，
試著什麼都不要做。

3

我是認真的，都不要做。
晚上、週末的時間，不要上網。

4

小睡一下。
現在我每次出遊最期待的事情，
就是全家一起睡午覺。
真的是極樂境界。

5

還是很不知所措？
已經過了中午，也沒有什麼健康掛慮的話，
哪裡一定有調酒歡樂時光。
何不去喝一杯？或是來點義大利麵？
還是麵、酒都來？Chissenefrega！

WABI-SABI

侘寂

◆

　　侘寂（わびさび，wabi-sabi），侘為「簡約」，寂為「年邁、耗損之美」。侘寂是一種接受短暫、不完美的世界觀。侘寂屏棄了所有「完美」的美學概念，轉而欣賞事物原本的樣貌，並醉心於生活原本的質地與其複雜性，以及瑕疵的美感，例如：不對稱的臉孔、歪七扭八的蔬菜以及帶有裂痕的容器。

JAPAN

日本

世界上所有無法翻譯的概念中，侘寂的難解大概數一數二。過去十年，我在日本待過一陣子，我仔細研究這個國家，還從日本電視節目中得到了許多新奇的體驗，但我還是不懂侘寂。經過了好多人的指點，我才開始對這個概念一知半解。

侘寂的深層含意

「侘寂就像是你的祖母。」來自廣島的設計師紀子這樣解釋：「祖母是家中的長輩，所以備受敬重。『老』在日本文化中不是一件壞事。老代表你有歷史，有歷史就有價值。」年紀越大，越有智慧，而智慧在現今比以往更加重要。

日本是最長壽的國家，國民生產毛額極高，書店的書架還快被厚厚的勵志書給壓垮了，儘管如此，日本仍不是特別快樂的國家。城市裡的疏離感、人口老化與年輕人之間日漸擴大的鴻溝，讓很多人認為自己經常感到失落、壓力、焦慮。但若與過去連結，不專注在閃亮的新事物上，珍惜老舊的事物，侘寂的人生觀可能會是解藥。

紀子從祖母身上學到很多，「祖母以前種稻，她總說：『每一粒米中都有神。』」她在很小的時候就被灌輸要敬畏自然，以及了解生命的循環是滿足感的關鍵——這剛好是侘寂的基本原則。小時候，紀子每天都會在稻田裡幫忙祖母，每天田邊都會有新生的雜草，吸走稻子需要的養分和水。「我們每天都要割雜草，」紀子告訴我：「隔天雜草又會長出來，但大自然就是這樣！我們學習尊重自然世界的力量以及其中的不完美。自然瞬息萬變，每一件事都有其生命週期。」作物有時會長得很好，有時不然。天氣有時會很適合收成，有時不會，但在日本文化中，無論如何都要心存感激，就手邊的資源，盡力做到最好。

　　「我們學習擁抱不完美，」紀子說：「我覺得侘寂很像英文裡面的『patina』」（譯註：銅鏽或經年累月而有的樣貌）。」只不過在英語世界中，事物的「patina」通常不被重視。舊皮椅上的扶手裂了？修理。法令紋？填起來。我那張生過三個小孩的肚皮？一輩子穿寬版連身長裙吧（從來沒有人對我說過，「不是我的皮膚鬆了，是『patina』」）。我把這事告訴紀子，她說：「日本不一樣。我們尊敬變老的、被使用到極致的一切事物——從人到瓷器皆然。」

日式特殊講究：「金繕」在生活的應用

　　說到侘寂，一定要提到「金繕」。「金繕」（金継ぎ）是日本一種古傳的修瓷藝術，用金屬漆修復瓷器，不把瓷器的裂痕遮藏起來，反而是用純金凸顯其裂痕——甚至變得更加耀眼奪目。在金繕藝術中，裂縫處會被鍍上金。美麗在於其瑕疵，而非其完美。美感存在於裂縫之中。金繕特別欣賞老舊的物件，並把老物的價值提升至另一個層次，甚至超越了剛拆封的全新品。這就是侘寂。

　　但是日本文化對錯誤的容忍度其實並不高。「我們不喜歡失敗，這是我們的原則，」紀子告訴我：「在日本，我們很害怕出錯，如果有觀光客來問路，對英語能力沒有自信的日本人就會說：『No，Sorry！』（抱歉，不懂！）而不願意承擔說錯的風險。」在辦公室出錯更是大災難。「如果是我自己可以收拾的事情那可能還好！但如果我必須和親朋好友坦承失誤，我會覺得很丟臉。」她說，這就是矛盾之處。

　　日本是單一民族社會，在這個社會中，高標準是常態。對世界其他地方的人來說，這些標準看起來很像「完美主義」，但是在日本，這很一般。理論上來說，佛家的「接受」與「放下」觀應該深植

日本人心，但實際上，許多日本人奉勤奮為圭臬，注重細節及自律，甚至到了一種惡性競爭的境界。

過勞死在日本是職業傷害，死因通常有中風、心臟病發或自殺。2016 年，日本政府的第一份過勞死白皮書記載，五個員工中有一個有過勞死的風險。日本的工時比其他已開發國家的工時長很多，員工的年假實際上通常放不到一半。

「這是個很嚴重的問題，」紀子坦言：「就連一些流行用語，例如「生き甲斐」（生命的意義），在其他地方的人看起來好像與幸福有關，但事實上卻還是講求責任，而不是重視享受。也就是說，你的『生き甲斐』可能是你的工作、家庭，這不代表這些東西會讓你感到幸福——只是你會為這些事物努力。而日本人不管做什麼，通常都非常努力。」

侘寂是攫住幸福的片刻

「侘寂是攫住幸福的片刻，」紀子告訴我：「我們努力工作，然後會到大自然中休養、充電。很多二、三十歲的都市人會盡量在週末走入大自然，讓自己恢復元氣。」侘寂要我們欣賞四季的美麗深奧，像是落葉、散落在風中的花朵以及被青苔覆蓋的岩石。「這可以穩定人心、減輕壓力，幫助我們回到原本的生活當中。」紀子告訴我。

東京的同事美雪補充：「侘寂的瑕疵比較接近人性，可以帶給我們平靜、放鬆的感受。當我們感受到侘寂的時候，心裡彷彿出現了一種靜止的感覺，哪怕只有短暫的瞬間。」侘寂也可以使我們心靈得到復甦，「在每一天的生活中，提供我們一種新鮮的觀點。」她說。也許你開了一場慘烈的會議，但是在森林裡，你最喜歡的樹開始生苔了，或是在你窗台的盆栽，花苞正開始慢慢地綻放。

日式幸福關鍵字：溫泉、賞花、森林浴

日本人也很重視溫泉以及賞花，尤其是櫻花。日本還有一種美好的習慣叫作「森林浴」。「森林浴」不需要水，比較像是日光浴，只不過是在森林裡，森林浴的重點，其實只是要待在充滿樹林的環境，好好汲取環境中的一切。2010 年，日本千葉大學的一項研究發現，受試者在森林散步後血壓較低，壓力賀爾蒙皮質醇（cortisol）也較低。日本生理研究協會的研究也證實，森林浴可以改變大腦活動，讓我們更放鬆。

Instagram 一天到晚用「走進大自然，#幸福」這種刻意營造完美的照片轟炸我們──拋棄這種做法吧，森林浴在於充電、修復以及花時間待在野外。結束後，你可以回到忙碌的工作崗位上，繼續令人備感壓力的通勤人生或家庭生

活，只不過這時你已再度充滿活力，準備好解決這一天要面臨的各種問題。

與其讓自己消耗殆盡，其實我們可以掌控過去與現在的自己，和過去與現在的自己和解。忘掉「全新的自己」吧，關鍵在於舊的你，重振旗鼓後原本的你。其實侘寂就是這麼回事。

為自己的不完美鍍金

「我們不會每天都記得要這麼做，」紀子說：「但這是理想狀態，我們緊握著『侘寂』這把幸福的鑰匙來保持理智。我們知道這是健康和充電的唯一方法。」所以即使現代生活庸庸碌碌，即使我們害怕失敗，侘寂就是我們「重新開機」的方法。我不是歷盡風霜的可憐蟲，用乾洗髮精、咖啡和意志力苦撐著的殭屍——我是最高級的金繕工藝品。我們都是自己打造的金繕傑作：我們的裂縫、疤痕都要鍍上金，讓眾人見證。

如何體驗「侘寂」？

1

敬老，欣賞那些累積了無數智慧的，
過去曾被珍愛的人事物，
不論是退休老人或瓷器（或生過孩子的小腹）。

2

賦予老物新價值，繼續使用。
用金繕修復破裂的碗、賦予傢俱新生命、結交一輩子的朋友
——侘寂路線。

3

找到你的充電站。
森林、公園、河邊或任何其他可以感受到
大自然的不完美與奇景的地方。

4

欣賞自然世界的美，不論花開花謝
——即使只是在窗台上種個小盆栽也好。
留心葉子如何改變顏色，花瓣如何一瓣一瓣地掉落。

TŪRANGAWAEWAE & HAKA
立足之地&哈卡舞

———◆———

　　Tūrangawaewae（發音：「tu-rang-a-why-why」），名詞，毛利文化中的一個概念。「tūranga」意為站立之處，「waewae」表示腳，所以Tūrangawaewae的意思就是「立足之處」或一個人有權待著的地方。這個詞彙一直都在，只是到了一九六〇年代才有文字記載。Tūrangawaewae現今指的是能給我們力量，有連結感的地方——在這樣的地方，我們擁有身分、獨立、歸屬感。

　　Haka，名詞，毛利慶典團歌，還有個搭配節奏的舞步，舞步通常包含踩踏、大喊與充滿力量的動作。從大約十三世紀開始，波利尼西亞住民首度登陸紐西蘭島嶼時，哈卡就已經存在。後來哈卡藉由紐西蘭的體育競賽隊伍，介紹給世界各地的觀眾，其中最著名的是紐西蘭橄欖球隊黑隊（All Blacks），黑隊從1905年起就開始在國際橄欖球賽前表演哈卡。

NEW
ZEALAND
紐西蘭

我在屋內打赤腳深蹲，跟滿屋子的陌生人整齊劃一地做著動作，大聲吟唱：「Ka mate, ka mate! ka ora! ka ora!（他死了！他死了！得救！得救！）」把壓抑了三十八年的情緒釋放出來。我感覺自己向下扎了根，充滿力量，還有種與身旁的人連結一心的奇妙感受，雖然我們其實今早才認識。

我也深信，一個英國人在這裡表演哈卡舞是「文化挪用」的終極表現。但是紐西蘭北地大區那帝卡戶（Ngāti Kahu）部落的凱恩・哈內特 - 慕圖（Kane Harnett-Mutu）告訴我沒關係：「毛利人已經努力想要教育歐洲人好幾個世紀了……」他對我說這話時，眼神閃爍，但他說的沒錯。毛利人常被認為是「英國人唯一無法征服的原住民」。與其他文化不同的是，毛利文化絕大部分都保存了下來。這當然很不容易，這也就是為什麼 Tūrangawaewae 和哈卡舞對毛利人的快樂與幸福生活這麼重要。

為了下一代，愛護這塊土地

在傳統毛利文化中，沒有人擁有土地。「你有你的 Tūrangawaewae（立足之地），但人人共享，而且還要一起為了下一代努力、愛護這塊土地。」凱恩解釋道。身為毛利人，唯一的責任就是要把土地「以比我們接受時更好的狀態傳給後人」。真是美好。但是後來英國人來了。十七世紀歐洲人抵達紐西蘭，帶來了巨大的改變，不過起初他們與毛利人的關係很好。英國人在 1840 年給了毛利人不可侵犯的各種權利，作為他們讓歐洲人使用資源的回報，於是兩種文化共同存在著。「我們對新的外來事物適應地很好，我們學習力很強，」凱恩說：「而且我們還吸收了歐洲文化的優點。」

但是後來歐洲人貪心了起來。在有爭議的土地權上，雙方之間的關係越來

越緊張，導致一八六○年代發生衝突，殖民政府沒收了毛利族大片土地——使許多人失去了「立足之地」。情勢每況愈下（欲知詳情，請見西蒙・夏瑪〔Simon Schama〕等人的解釋），長達一百年的鎮壓由此展開。到了一九六○年代，毛利長老要求學校限制使用傳統語言，因為他們擔心這會使下一代的就業機會受到影響。「就這樣無意間，毛利文化面臨了消失的危機，」凱恩說：「因為沒有語言，文化就無法傳承。」

毛利文化的復興

紐西蘭部落長老開始意識到他們必須採取行動。「我們知道無法仰賴政府，所以我們必須互助來獲得資源，」凱恩說。於是，1982 年「Te Kohanga Reo」語言巢計畫就此展開——設立了毛利語幼兒園，園內有長老照顧學童，教他們說毛利語。藉著直接接觸這些孩子，長老便可以把文化傳承給下一代。「現在四、五十歲的人就這樣被漏掉了。」今年五十二歲的凱恩說：「但是比我年輕的人，就有機會可以在學校上語言課程，學習毛利語。」

各級學校、高等教育機構以及職場也設立了「Kapa haka」哈卡舞社團，教授哈卡舞。說到哈卡舞，「不是因為我們感到憤怒或是想要造反，」凱恩澄清。「但大家對哈卡舞有錯誤的印象，」他解釋道：「黑隊一大票強壯、自信的男子上場，像交響樂團一般團結地打著球賽——大家看到他們，就把哈卡舞的能量與橄欖球的攻擊性聯想在一起。但是若離開運動場，就可以看到哈卡舞之於毛利人真實的意義。」

哈卡舞有上百種類型，還會針對不同的場合設計，有些特別為婚禮編寫，有些主要由女性表演呈現，有些則為小孩編排，甚至還有在職場替員工提振士氣用的哈卡舞曲。「哈卡沒有攻擊性，」凱恩向我保證：「而且哈卡也不是專

屬男性力量的舞蹈。」凱恩解釋，力量和情感表現在毛利文化中是一體的，「pūkana」姿勢——睜大眼睛狂瞪，常還伸出舌頭——是為了強調某些詞彙。「這代表溝通、團結，最重要的，還代表了愛。」他說。

用哈卡舞團結人心

在迎賓、慶祝豐功偉業、快樂或悲傷的場合中，都會有哈卡舞演出。但是不論地方，哈卡舞的目的都在於團結，在於重新建立身心靈三者之間的關係。哈卡舞不重個人，凱恩說，毛利人看重團體福祉更甚於個人幸福。「心滿意足的感覺是群體互通的。幸福是共享的價值，如果有一個人不開心，那麼所有人就會同心協力來改變氛圍。」這是一種社群文化，「毛利」這個詞本身就是「正常」或「平凡」的意思——一開始被用來區分傳說和口述傳統中的凡人與神祇和神靈（wairua）。「基本上，毛利人總是團結一心，」凱恩說：「哈卡舞也不例外。表演結束時，看看身旁的人，每個人都看起來幸福又滿足。」

多虧了「語言計畫」，現在有更多毛利人可以學習哈卡舞，隨著毛利文化教育計畫的拓展，較年輕的族人得以重新學習自己的文化底蘊。在一九○○年代至二○○○年代之間，毛利人為彌補過去受到的壓迫，與政府達成協商，接受了價值超過九億紐幣的補償，其中多為土地。這替部落族人保存了實體的「立足之地」，確保未來毛利人也可以體會到 Tūrangawaewae 的幸福。一個人的Tūrangawaewae 總是和他人息息相關，並且與他人共享——一直到現在，毛利人才總算能得到法律保障，確保他們的 Tūrangawaewae 不再被剝奪。

「但就文化以及哈卡舞的呈現方式來說，我們也被世界給污染了。」凱恩說。哈卡舞引起了世界各地的好奇，還被用來推銷薑餅人和掀背車，雖然毛利人通常樂於大方分享毛利傳統，但他們也很在意表演、表現的方式。

「我們不接受別人擅自挪用我們的文化，隨心所欲地使用。」凱恩解釋說，毛利人會無所不用其極地保護他們的「taonga」（天賦）。「但是哈卡舞傳達的基本概念是普世性的，歡迎大家自由體驗。」他說。

曾擔任毛利黨黨魁的瑪瑪·福克斯（Marama Fox），鼓勵大家到世界各地教授哈卡舞，並認為這樣可以積極推廣毛利文化。正因如此，凱恩才能得到那帝卡戶族長的祝福，「開拓並分享通往毛利歷史與傳統的道路」，他在歐洲各地推廣毛利文化已經二十年了。這也是為什麼我會答應嘗試跳哈卡舞。

找回自己原始的能量

凱恩的哈卡舞工作坊從握手開始，我們握住彼此的右手臂，圍成一個「生命螺旋」。「這代表我們願意分享自己的能量，把能量投注在這次的體驗之中。」凱恩說。接下來我們向前傾，用左手觸碰別人的肩膀，藉此提醒自己，我們是站在前人的肩膀之上。

我才發現，在英國的文化中，我們鮮少意識到或提到自己的長輩，除了偶爾在週日烤肉很成功時會說：「祖母會感到驕傲」。能被提醒要對造就我們的人事物心存感激，挺好的。凱恩他說他的目標是要「引導很多其實不知道自己擁有那種原始能量的人，把這些能量，用他們可以理解的方式還給他們。」我覺得聽起來有點可怕。「我相信你的靈魂會告訴我最真實的故事，就算我們努力想要隱藏，但這些故事終究還是會自己浮現出來。」

我的靈魂真的想要隱藏我自己，但是我的手、手臂、腿、腳、聲音、眼睛、舌頭還有身體，在這個不熟悉的環境中一同動作著，我發現自己正在體驗某種

前所未有的感受。身為一位二十一世紀的淑女,我不太習慣太過張揚,也不習慣大叫、跺腳,不習慣哈卡舞要我做的一切。

哈卡舞轉變著我,把我從我老待著的舒適圈給拉了出來。沒想到哈卡舞其實很適合現代女性,我感到相當吃驚。結束時,我的能量已釋放完畢,我潸然淚下。當下我只想回家,回到我的家人身邊,回到我的 Tūrangawaewae,我的立足之地。顯然這就是哈卡舞的重點。

「西方人很常悶住情緒,」凱恩說:「但是哈卡舞要你敞開心胸,釋放這些情緒,完全融入群體。我們內心深處都需要一個 Tūrangawaewae。」

現在不是推崇部落主義的時候,不是戰爭的時候,也不該鼓勵侵略行為,尤其是男性。此時應該感激,應該誠實面對我們的情緒,應該想想我們來自何方──我們每個人都需要。

如何找到你的「Tūrangawaewae」立足之地？

1

閉上眼，

想像一下如果明天就是世界末日，你會做什麼？

2

你會花時間與誰相處？你會去哪裡？

馬上動身前往那個地方，

好好享受那個空間、那些人。

要一直如此。

如何體驗哈卡舞？

1

上網看哈卡舞的影片，

給自己一點時間和空間，讓自己被感動。

2

有勇氣的話，找找你家附近的哈卡社團

請務必要找毛利老師的社團，

這樣才能欣賞文化，而不是挪用文化。

3

試著不要累積情緒。

敞開心胸，釋放情緒。

眼淚不是必須，但偶爾離開你的舒適圈絕對必須。

FRILUFTSLIV

空氣流通的生活

━━━━━━━━━━◆━━━━━━━━━━

　　Friluftsliv（發音：「free-lufts-liv」），名詞，意為「空氣流通的生活」或是「開放環境的生活」。1859年，挪威劇作家易卜生（Henrik Ibsen）在其詩作〈在高處〉（On The Heights）中將此詞發揚光大，他將Friluftsliv描述為把時間花在遙遠的地方，以增進身心靈健康的價值。這個詞現在也被鄰國瑞典和丹麥使用，不過挪威仍是這種生活方式的最佳榜樣。

NORWAY

挪威

零下五度的週一早晨，陽光是個遙遠的記憶。我笨拙地泡著當天的第一杯咖啡，昨晚的暴風雪沒有要緩和的跡象，令我感到沮喪。但是跟我一起享用自助早餐的這些人，看起來心情頗愉悅。身材像模特兒一樣的北歐進階版人類，穿著全套滑雪裝備踏著大步，尋覓著醃鯡魚，討論著如何善用上班前的時間「滑個幾回」。

不管是夾帶雪的雨，還是下雪，還是各種其他超低溫的天氣型態，都無法阻止他們外出活動——Friluftsliv——而且他們每個人都看起來好陽光。我因公來到奧斯陸（Oslo），奧斯陸有世界級的博物館、優秀頂尖的餐廳，並且充斥著高大精實的北歐半神（至少我是這麼感覺）。如果你缺乏自信，最好不要來這裡。

挪威：全世界最幸福的國家

這就是挪威，一個有孟克（Edvard Munch）、易卜生和阿哈樂團（A-ha）的國度。挪威人口只有五百三十萬，他們享受著所有的北歐福利，還有額外的安全網——因為他們有誇張多的石油作為經濟後盾，石油了占挪威國民生產總額的四分之一。此外，挪威最近打敗丹麥，成為聯合國的「世界最幸福國家」，

在過去的六年中，經濟學人智庫的民主指數，也將挪威評選為「世界最優秀的民主國家」，但其實挪威最傑出的項目是這裡的自然環境。

挪威的原生動物有北極狐、北極狼、鯨、姥鯊、麋鹿和北極熊等——用我家那個四歲娃的話說，就是「超酷的那些動物」。挪威最著名的地貌就是山脈、冰原和冰川（切入地面的

超級深溝，溝內滿是冰河時期末的海水），非常壯觀，無處可與其相比。低有霍寧達爾湖（Hornindalsvatnet，歐洲最深的湖）；高有永凍土高山，山峰的名稱是帶有童話色彩的「閃閃發亮的高峰」（Glittertind，格利特峰），還有夢境般的壯麗景色。Friluftsliv 就是在這種環境下發跡的。

過一個「空氣流通的生活」

「我們的身分、我們是怎樣的人，Friluftsliv 占了很重要的一部分。」艾瑞克・薩文森（Erik Salvesen）用歌唱般的西岸語調告訴我。「這個詞最好的解釋，其實就是直譯：空氣流通的生活——不過其實還不只這樣。你必須要親身體驗才能完整了解 Friluftsliv 的含義，了解它對挪威人來說有多麼重要。」

我和薩文森是在 2013 年認識的，那時我在替《衛報》做豪格孫（Haugesund）的世界首座維京主題樂園（少一點迪士尼人工感，多一點擲斧、劍術）相關報導，於是訪問了薩文森。他很有熱情，想把維京文化的優點發揚光大，Friluftsliv 也包含在內。

「挪威人口稀少，幅員遼闊，所以大多數人只需要花一兩分鐘，就能接觸到野生大自然。一直以來，狩獵、釣魚對挪威人非常重要——特別是在冰川區。」薩文森說。從前，挪威人花時間與大自然相處是為了生存，現在則是為了娛樂。「Friluftsliv 滋養我們的心靈，即使是在大城市中，」他停下來改口說：「我們只有一個大城市啦，所以應該說，即使在奧斯陸，大多數人也都有山中小屋。Friluftsliv 太重要了，缺之不可。」

　　他說花時間身處大自然，是一種「心靈層面」的活動，他還補充：「在大自然裡的感覺很不一樣，自然界有著不同的能量。自然美景相當懾人，而且戶外還有美麗、寬闊的視野，可以幫助我們放鬆，讓我們冷靜下來。」對薩文森而言，這是動態的冥想（「跟其他歐洲人比起來，我們挪威人滿冷靜的」）。他喜歡天天出門，其他挪威人則大多每週「至少」會外出探險二至三次。「這很適合社交，你可以和親朋好友一起去，帶點食物，度過這一天。這種活動結合了自然、活動、食物、好同伴。」薩文森繼續說下去，列出所有經過證實對健康和幸福有益的特點。

挪威式的幸福：爬山、喝酒、放鬆

　　挪威小孩一出生就會開始體驗 Friluftsliv，到了六歲開始上學，更是經常在戶外活動。「我們還有另一個詞叫 Fjellvant，意思是習慣在山中走路──這件事在各個年齡層都是很稀鬆平常的。」挪威的「Fjellvettreglene」（深山守則）要我們與大自然建立互相尊重的關係，這在挪威文化中非常重要。

　　挪威人喜歡往高處爬，「登高可以給你一個目標，」薩文森解釋：「如果你在野外碰到挪威人，他的目標應該會是爬上附近最高的山。」我告訴他這聽起來好辛苦。「是很辛苦，但就是要辛苦，才會有收穫。挪威有一句話說：Du må yte før du kan nyte ，意思是先苦後甘。然後你就可以享受『Kos』，意思是感覺舒適，就像丹麥的 Hygge。」

　　勞其身的終極獎賞是冬季過後的「Utepils」——在戶外享用的第一杯啤酒，藉此慶祝氣溫回「暖」，或至少「比較不那麼冷」。「當你殷切期盼戶外的陽光，期盼了好幾個月，沒有什麼比這一杯啤酒更讚了，」薩文森陷入了思緒之中。「尤其是在冰川中享受鮮蝦……」他越說越小聲，卻一副很興奮的樣子。

　　那「比較沒有之前那麼冷」的這一天是哪一天？「幸運的話通常是四月，不過也有可能更晚……不管最後達成共識的 Utepils 日是哪一天，報紙上一定會刊登某人喝下他們第一杯啤酒的照片。」這就像英國報有個長久以來的神聖傳統，我們會找一名上相的女學生，公開她的學測（GCSE）成績，看樣子挪威也有類似的傳統。

不能爬山的時候，看看「慢電視」

　　挪威和它的北歐鄰國一樣，是個注重集體經驗的國家，並藉由集體經驗來團結人心。所以當挪威人沒能在當天喝到 Utepils，或是無法和大家一起到大自然從事戶外活動時，他們就會聚集在電視前面，用間接的方式感受他們的「Friluftsliv」。

　　過去這十年中，挪威最熱門的電視節目是「慢電視」（Slow TV）——即時播放看似無趣的事件，且通常與大自然有關。自從挪威國家公共廣播公司（NRK）在 2009 年向一百二十萬名觀眾，播放了一趟 7 小時的火車之旅，收錄了沿途的高山、冰川景色後，這種節目就在挪威風行了起來。挪威觀眾還看過 5.5 小時，沿著挪威海岸的渡輪景緻，國內收視率甚至高達 36%。其他成功的「慢電視」節目，還有 12 小時的野外生火紀錄；18 小時的捕鮭魚特輯；168 小時的馴鹿大遷徙。真的不是你平常會想看的超級強片，但是挪威國家公共廣播公司的製作人湯瑪士・海倫（Thomas Hellum）告訴我：「大家是為了 Friluftsliv 而看。」

　　我第一次見到海倫的時候，慢電視還只有雛形，沒人看好。但是現在慢電視成了挪威電視圈主力，還外銷到了世界各地，連 Netflix 上都有很多觀眾。我給了海倫一個遲來的道歉，對不起，當初質疑他。他說他原諒我，他現在感覺很寧靜，因為他剛才才去滑了雪，享受他的 Friluftsliv。這天是週二。

　　「慢電視之所以會成功，是因為挪威人都深愛大自然——好山、好水。我們看著美麗的圖畫，眼前的景象會對我們每一個人說話，滋養我們的心靈。」海倫說。「挪威人的根扎得很深。如果拿掉了 Friluftsliv，就會少了什麼。」我告訴他薩文森的理論，當附近有山的時候，挪威人就會呈現癲狂狀態，海倫咧嘴笑著說：「我們是真的很愛登高。每個人在高山上看起來都變得好小，你的問題也變得好小。來自其他國家的人常常不明白。」

　　有特定哪些國家嗎？「丹麥，」他不假思索地說：「荷蘭可能也是，就那些平地國。」沒有高山的國家對高山的感受會不一樣，挪威人就相當癡迷。「可能會有人對我們說：『在離山頂二十公尺的地方停下來不行嗎？那裡的景色已經很棒了吧……』但挪威人不會出現這種念頭！」海倫搖著頭：「出門、爬山，甚至爬上去後滑雪下來，來回個幾次，這就是挪威人。我們一週得來個一兩次這類的活動，沒辦法出門的日子，就用看的。」海倫最新一集的慢電視中，紀錄了一群志工花四週的時間，在四座不同的山裡走著。「白天的時候會有直播，晚上我們會拍他們紮營。隔天早上播他們做便當，準備再出發的畫面。」

　　他們會去哪？「到處去！」海倫告訴我：「這就是美好之處，Friluftsliv 是所有挪威人的權利，這片土地屬於我們每一個人。」挪威從 1957 年起就有「戶外娛樂法」（Lov om friliftslivet），該法提到：「一年當中，不論時間，只要小心謹慎，便可任意踩踏戶外所有財產。」所以每個人都可以自由地到處晃，私人土地也沒關係，還可以搭營，被鳥囀聲喚醒，在營火旁享用早餐。「只要能顧慮到別人、準備好自己的食物，沒人會阻止你，」海倫說。「有地大家用，不過這之中也有其挑戰。」這是因為挪威還有另一項盛產：天氣。

不論天氣如何，都要出門走走

「挪威的天氣太多變了，」海倫說。「天氣支配著我們的一天——是否需要重新安排開會時間，能否有辦法開車上路等等，所有大小事。挪威有兩個季節：春夏和冬。」但海倫馬上改口：「除了我居住的卑爾根。在卑爾根，我們有『濕季』跟『更濕季』。」

挪威人不會讓這點雨、雪，或雨中雪阻止他們。「如果雪太大不好走，就滑雪。」他一派輕鬆地說。「無論如何我們都會外出活動，因為放鬆是要靠努力得來的。多數挪威人相信，要先努力才會有收穫，要先付出身體的勞力才能換來享受，要抵抗天氣。頂著雨水和寒冷的天氣爬上了高山後，就可以好好享受晚餐了。」海倫說。他很堅持爬上高山後，食物嚐起來會更加美味。

「此外，去感覺我們的前人、祖先憑著他們的肌肉成就了哪些事？所以我們要捫心自問，我們今天做了什麼？我們登上了哪裡？我們去了哪裡？這是 Friluftsliv 很重要的一部分。這就是挪威人的幸福。」海倫說。

如何過一個「Friluftsliv」，空氣流通的生活？

1

穿山越嶺，頂是用來攻的。

有更好的視野，就會有更好的景色。

2

務必要靠勞力換取午飯。

玩樂／爬山／健走／滑雪，然後再放鬆。

3

不論晴雨，走出戶外。

沒有壞天氣，只有錯誤的服裝。

4

放慢腳步，看電視也好，

多加留意隨著季節轉換的景緻。

5

在一年的第一個好天氣中，

享受第一杯啤酒，或你自己喜歡的酒類。

AZART

熱情

◆

　　Азарт，名詞，意為熱度、興奮、激情、狂熱或熱情，也與魯莽、冒險有關。Azart源自法文的「hasard」，意為「機會」。這是一種期盼成功的情感，不論是否可行、機會是否渺茫。玩遊戲或從事有風險的活動時，常會用到這個詞，像是愛情，或是在賭場玩輪盤時。

RUSSIA

俄羅斯

俄羅斯是個大國，帽子大，情緒更大，俄羅斯不以幸福聞名。說到俄羅斯，大概通常會想到普丁、想到過去的蘇維埃政權，甚至想到俄羅斯留下的豐富文學，感謝契訶夫、托爾斯泰、屠格涅夫（Turgenev）還有普希金（Pushkin）。

莫斯科最近被評選為世界上最不友善的城市，據說俄羅斯兒童還被要求在學校不能微笑。但是，會不會是我們給俄羅斯貼上了錯誤的標籤呢？來自車里雅賓斯克（Chelyabinsk）的賽妮雅，在某個霧濛濛的週五，帶我認識了這個關鍵字：Azart。Azart 不是我們知道的那種幸福快樂，至少不是那種無憂無慮的幸福感，Azart 是興奮、熱度，而其中最重要的關鍵元素是：熱情。

俄羅斯特有的幸福哲學：Azart

「你可以用 Azart 來描述玩遊戲時停不下來的感覺，站在情緒巔峰的那種感覺。」賽妮雅說。「Azart 可以是一股湧上心頭的興奮感，但 Azart 也和俄羅斯的幸福息息相關。我們是感情豐沛的民族，做決定的時候常常意氣用事，閉上眼睛，感受那股熱情。」Arzat 是對刺激感的期待：在鋼索上搖搖晃晃的甜美痛楚，讓許多俄羅斯人的生活充滿了熱情。

邱吉爾（Winston Churchill）說過一段話相當有名，他說「俄羅斯母親」是「謎中之謎」，用賽妮雅的話說：「俄羅斯是一個強悍的國家，所以我們創造出很多特別的方法來享受人生。」賽妮雅說，大家對俄羅斯有很多誤解。「大

家以為俄羅斯人都很無情，以為俄羅斯人民和俄羅斯政府一樣。但我們不是這樣，我們是受了傷的靈魂，我們是獨特的一群人，我們很善良，我們被政府錯待。」

俄羅斯人的心態有點宿命論的色彩,「我們就像蟑螂,打也打不死——我們學習為自己所擁有的心存感激。」許多俄羅斯人別無選擇。在蘇聯,衣物、食物,甚至是住宅都要用票券兌換。「你站在人群中,物資直接往你身上丟,」賽妮雅說:「而且大家還會覺得感恩,感謝有人給他們東西。什麼東西都好,因為他們一無所有。所以我們得試著用自己所擁有的,來過生活。」

這種背景孕育出了一種特殊的幸福——Azart——這是熱度的來源,要盡可能牢牢抓住。俄羅斯人在面對困難的時候,會需要一些能讓他們堅持下去的東西。俄羅斯自古以來就很注重家庭觀念,他們的傳統家庭觀是父權制。「女孩從小就接受了非常明確的訊息,將來要當一個人妻,廚房裡一定要隨時備好美食,等待丈夫回家:煮鍋羅宋湯、做愛、生孩子!」

賽妮雅告訴我:「男人則要找份好工作、有間乾淨的房子、娶賢妻、生孩子。一句俄羅斯古諺說:『蓋了房子、種了樹、生了孩子,你就擁有了成功的人生。』真的,多數人的志向就是這個。」賽妮雅說。

到了一九九〇年代,蘇維埃政權崩解,俄羅斯人開始不滿足了。車、錢、房等……他們還想要更多。每個人年紀輕輕就開始工作,埋頭苦幹,好似想要超英趕美。賽妮雅解釋,一切都在於「結果」,不在於享受過程。所以說,Azart 這種特殊的幸福感,並非源於平靜、滿足以及持久的幸福感,而是要用雙手牢牢抓住稍縱即逝的歡樂時光。

Azart 或許也和天氣有關,許多俄羅斯人不得不想辦法取暖——「不僅是身體上的溫暖,還有藉著對話達到內心的溫暖。」賽妮雅說。她解釋,如果一個俄羅斯人在街上撞到你,他不會停下來道歉,因為每個人的當務之急都是要趕快進入室內取暖。不過一旦進入了室內,一切就都升溫了。

廚房閒談是幸福的關鍵元素

我在做相關研究的時候,還發現了另一種俄羅斯幸福「posidelki」(廚房閒談),和親朋好友坐在廚房餐桌邊聊是非。幾乎全世界所有相關研究都證實,親友間緊密的關係、頻繁的相處以及群聚聊天,是幸福的關鍵元素。只不過在俄羅斯,對話很快就會熱絡起來。

「我們總是開門見山,馬上切入很深入的話題,」賽妮雅說:「英國人很會閒談,講禮貌這些有的沒的……」她邊說,手一邊比出嘴巴在講話的動作,還附帶一個白眼:「但在俄羅斯,我們會直接深入重點,當然還要配酒。」

俄羅斯幸福與酒精的關聯

酒精和幸福程度之間的關係有點微妙,如果運用得宜,酒精可以幫助建立關係,也可以,嗯……帶來美好的夜晚(見「愛爾蘭」)。我的編輯希望我可以在書中聲明,酒精絕對不是幸福的基石,但如果是的話,俄羅斯人絕對會超級健康活跳跳。

俄羅斯人的酒精消耗量居世界之冠,根據劍橋大學的研究,平均每個俄羅斯人一年要喝掉二十公升的伏特加。喝酒是俄羅斯文化不可分割的一部分,甚至還有一個詞,可以用來描述連續狂喝好幾天的行為「Zapoi」。在 2011 年以前,啤酒在俄羅斯一直都不能算是「酒類」,因為不夠烈。

俄羅斯的面積也與交友以及幸福有關。「廚房閒談」之外，另一項令賽妮雅醉心的俄羅斯文化是：「火車閒談」（razgovory v poezde）。俄羅斯幅員遼闊，要橫跨俄羅斯，搭火車得花上七天，穿越十一個時區。大家在車廂內分享食物、彼此交談，「可能有人帶雞，有人身上有酒，在這趟火車之旅前，彼此不認識的人這下要在一起生活、吃飯、聊天，最後你們就變成了朋友。」這想法很溫暖，但身為英國人，我不認為跟陌生人一起關在火車上一週，可以帶來幸福。她也承認：「嗯，是有點折騰啦——但我們俄羅斯人喜歡受苦。」

啊哈！原來我就是這裡沒搞懂。賽妮雅補充說：「而且火車在駛入大城市的前兩小時都不能上廁所，因為排泄物會直接掉到軌道上——這也很折騰。車上也沒有淋浴間，所以我們會跨坐在兩節車廂之間的車鉤上，拿瓶裝水倒在身上，或是在有湖的車站跳下車，跳到湖裡。很折磨，但我們喜歡。Azart 讓我們電力滿滿——這造就了我們俄羅斯人。」

俄式三溫暖：折磨後的幸福更加倍

一些小瑣事、小折磨——像是完成代辦事項——可以替我們補充多巴胺，讓我們感覺自己達成了某事，但是俄羅斯人把這事提升到另一個維度上。賽妮雅的俄羅斯同胞在火車抵達目的地之後，多會另覓折磨或 Azart——他們會上俄式三溫暖（Banya）。許多俄羅斯人認為，俄式三溫暖是幸福生活的關鍵元素，也是每週必須的行程：有些人每週日都會上三溫暖，來預備接下來的一週，甚至有人上三溫暖談公事，在攝氏一百度的環境下開會。

住在北歐的我去過幾次三溫暖，但是俄羅斯版的三溫暖，「折磨」好像是標準配備。爆汗之餘，俄羅斯人也會在三溫暖內吃吃喝喝，然後再「卯足全力用樺木枝拍打自己的身體，接著到外面用大雪覆蓋自己。」因為俄羅斯人嗜折磨。

　　「遊客看到常說很恐怖，他們會問：『為什麼會想要抽打自己然後受寒？』」賽妮雅說：「我們的文化就是這樣。這源於我們的歷史和宗教。在我長大的地方，望彌撒時得站著，沒有座椅。到了耶誕節和復活節，整個晚上你都要站在教堂裡。我祖母已經八十歲了，她到現在還是會走四十分鐘的路上教堂，一週兩次，因為她認為若沒有受苦，她就不配擁有自己所擁有的。耶穌在復活節背著十字架行走，祖母覺得她必須效法耶穌。她背著大十字架前往教會的路上跌倒了，摔斷了腿。我對她說：『奶奶，我想還是別走了。』但她對我說：『不行！跌倒是因為我在路途上心生歹念，這是上帝的懲罰……這是好事。我受了苦，所以我現在可以享福了。』」

　　在倫敦周圍通風良好的教堂中，茶太淡、餅乾不好吃就叫折磨，真是丟臉。但這卻點出了為什麼在積雪六吋深的死寂寒冬中，或是難過的日子裡，我們還有動力繼續往前。人類的心理素質其實很強大。又也許，只是也許，我們每個人的內心都有這種熱度，都有這把火，都有 Azart。

　　深入的對話，無拘無束地喝酒（編按：非必要），並緊緊抓牢生命丟給我們的一切，也許我們心中的 Azart 就會支持我們，幫助我們度過難關，使我們值得緊接而來的幸福。

如何體驗「Azart」，俄羅斯式熱情？

1

冒個險：擲骰子。
許多人習慣降低損害、風險，然而冒險固然嚇人，
卻也令人興奮一興奮感可以帶來幸福快樂。

2

試著不要只是「閒聊」：
下次有人來家裡吃飯時，
在廚房餐桌邊來場深入、熱情，
可能還有伏特加助興的危險對話。

3

效法俄羅斯人，受點折磨來補充多巴胺。
在寒冷的日子外出散步，
著手開始做討厭了一輩子的煩人活，
或是在附近找間三溫暖！
鞭打自己後，不管你選擇什麼方式來犒賞自己，
幸福程度都會加倍。

UBUNTU

烏班圖

◆

Ubuntu（發音：「ooh-boon-to」，烏班圖），名詞，源自班圖語族（Bantu）中用來指「人類」的「-ntv」，以及用來複合「人性」這個抽象概念的字首「ubu」。這個詞在十九世紀就已為人使用，意為：「我在你身上找到我的價值，你也在我身上找到你的價值」；這是一種相互連結的感覺，相信藉著分享，宇宙中的人類可以連結一心。班圖語是非洲中部、南部還有大湖地區班圖人的語言，但是在這三十年中，烏班圖的概念在南非被奉為重要的人道目標。

SOUTH AFRICA

南非

2013 年，世界各地的電視台轉播著曼德拉（Nelson Mandela）的追思會。美國總統歐巴馬在約翰尼斯堡的索威多（Soweto）發表悼詞，感動人心的演說發表到一半時，歐巴馬總統說：「在南非有一個詞叫『Ubuntu』，烏班圖——可以用來形容曼德拉的偉大精神：他認為全人類都以一種看不見的方式連結在一起；他認為人性可以合一、認為我們可以藉著與他人分享自己、關心我們周遭的人來成就自我。」

這是我第一次聽到烏班圖這個詞——反種族隔離運動時我還太年輕，無法完全領會烏班圖的重要性。但是烏班圖給我留下了很深刻的印象。有好一段時間，我甚至對烏班圖有些著迷。

「早就應該迷上了啦！」來自南非自由邦威爾康（Welkom）的福西告訴我。「烏班圖是一種人生道德哲學，是幸福的關鍵。烏班圖是相互連結的感受——與他人和平、和諧共處——這是人性的精華。」福西，這話很重喔，真的很重⋯⋯。「但事實就是這樣沒錯啊，」他告訴我：「因為如果你身旁的人不快樂，你又怎麼會快樂呢？」說得有道理。烏班圖是一個哲學概念，但也和傳統的社群價值有著很深的關係。「烏班圖代表著南非人。」福西說。

烏班圖：「你在故我在」

烏班圖的文字紀錄首見於 1846 年，當時用來表達非洲人民在飽受殖民主義摧殘之後，重建尊嚴的需要。後來，烏班圖一詞被南非人用來強調自己的身分以及價值，以便擺脫從前被殖民的角色。烏班圖的概念在五〇年代，因約登‧努本（Jordan Kush Ngubane）在《非洲鼓》雜誌（African Drum，現更名為 Drum magazine）中的文章而流行起來，而到了七〇年代，烏班圖成了非洲特有

的人道主義代名詞。九〇年代，烏班圖席捲全球，成了反種族隔離運動的燈塔，該詞甚至還出現在 1993 年擬定的南非臨時憲法中。

1994 年，曼德拉成為南非第一任黑人總統時，為了打擊根深蒂固的種族歧視，出現了「你在故我在」概念，此概念也蓄勢待發要成為當代南非的內涵。大主教戴斯蒙・屠圖（Desmond Tutu）提倡烏班圖，將其視為一種神學理念，還將此概念用來推動他的「南非真理與調解委員會」。

2004 年，屠圖在其作《上帝有一個夢》（God Has A Dream）接受採訪時，告訴法蘭克・李普曼（Frank Lipman）醫師：「烏班圖是身而為人的要件，意思是說，藉著其他人，我們才得以為人。我們無法單靠自己做一個全人。人生來就需要互相依靠，我們生來就需要家人。不錯，我的人性也與你的人性牽扯在一起，而當你的人性被加強了，我的人性也因此得到加強。同樣地，當你的人性被貶低了，我的人性也無情地被貶低了。」

烏班圖在其他人的人生、幸福上，賦予了極高的價值。意思就是「同理」與「尊重」，福西說。而今天，烏班圖被視為道德之律，要我們彼此理解、慷慨寬容。我們每一個人對烏班圖都有集體的責任，若能認識、欣賞個體之間的差異，群體就會更加進步——我們不該消滅歧異。雖然社會主義的質疑者擔心，

強迫分享的行為，就長遠的角度來看會造成失和，烏班圖卻認為，幫助我們身邊的人，其實同時也在是在善己身以及造福整體社會。

每個人都是你的家人

「烏班圖講求兼容並蓄、接納眾人，」福西說：「這大概也是我生命中最重要的課題。」但不是常有人說，不要把世界的問題全攬在自己肩上嗎？若是我們太過關心所有人，同理心不會疲乏嗎？我得到的答案是：「不會。」福西說：「因為每一個人都是你的家人，他們使你成為你。」這話不能照字面解釋，他的意思是，我們與人性之間的連結「絕對比我們的血親還要更廣」。烏班圖要我們對周遭的人說：「我懂你的痛苦，我了解你的經歷。」而我們每個人都在某一種經歷中。

曼德拉的自傳《漫漫自由路》（Long Walk to Freedom）記錄了他被關在羅本島（Robben Island）的二十七年。他比我們絕大多數人更有理由感到厭世，而決定不再把世界的痛苦或問題攬在自己身上。但是曼德拉從來沒有這麼想

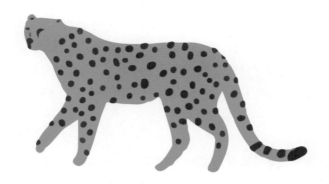

過，原因就是烏班圖。2006 年，南非記者提姆・莫迪斯（Tim Modise）訪問曼德拉，問他如何定義烏班圖，曼德拉答道：「以前，我們都還年輕的時候，旅人若在某個村落歇腳，他不需要主動跟人討食物或要水喝，他一停下，大家就會給他食物，給他娛樂。這是烏班圖的其中一個面向。」烏班圖的意思不是要我們不照顧自己，而是我們對身邊的群體有「社群賦能」的責任，要「賦予社群進步的能量」，這是曼德拉的說法。這樣，烏班圖就替眾所嚮往的開放社會和永續未來，帶來了希望。

「慾望」只會讓我們不快樂

這並不是說今天的南非隨處可見烏班圖精神。不平等的情形到處都是，貪汙仍相當普遍，正如福西所言：「南非仍不是一個幸福的國家。」烏班圖會受到現代生活的挑戰，福西提醒我們：「媒體常告訴我們，要幸福就需要更多錢，或是要變成某種樣子，穿某種樣子的衣服——我們身處 iPhone 和網際網路的世界，大家都把焦點放在『東西』上。」但這不是烏班圖——就長遠的角度來看，想要更多「東西」的慾望只會讓我們不快樂。傑伊・奈都（Jay Naidoo）過去曾

為曼德拉的內閣，後來成了政治、社會活動家，他在他的著作《改變：組織明日、今天》（Change: Organising Tomorrow, Today）一書中指出：「我們必須回顧過去的足跡，打造烏班圖精神。我主張回歸 1994 年時把南非變成政治奇蹟的那種價值觀。」2017 年，他告訴南非的《News 24》：「我們必須共創新未來，在這個新未來當中，有人性、愛與同理心。我們不能只訴諸筆墨，而是要真正實踐它。」

所以，不要只讀烏班圖，要活出烏班圖。要同情你身邊的人，不論他們來自何方、做些什麼，或他們擁有多少「東西」。就像福西說的：「我們要用烏班圖來超越個人的限制，挑戰生命替我們設下的各種界線。」

如何過一個「Ubuntu」，烏班圖生活？

1

原諒。

沒錯，很難，常常還很痛。

但是原諒通常是突破最好的方法。

2

珍惜自己的經歷。

也許你的經歷不如別人的高潮迭起，

不如別人的高尚，但那是屬於你的——

擁有屬於自己的經歷，可以幫助你往前。

3

珍惜造就你的那些人。

別忘了，不是有血緣關係的才是家人。

向世人敞開心胸。

4

多點關心。甚至關心你不認識的人。

即使當你看到報紙上絕望、悲慘的新聞照片時，

你會感到痛苦，但這就是人生。

就像屠圖說的：「很抱歉，你沒辦法逃避痛苦。」

5

丟掉笛卡兒的：「我思故我在」，

是時候換張新哲理的保險桿貼紙了：「你在故我在。」

TAPEO & SOBREMESA
跑吧&餐桌上的閒談

◆

　　Tapeo（發音：「tap-ay-oh」），動詞，由名詞「tapas」加上詞尾「eo」組成。這也是一句俚語，表示在街上跟朋友碰面，一起走到酒吧來一杯、吃點東西——這是西班牙的神聖傳統，也是許多人對幸福的定義。

　　Sobremesa（發音：「sob-rem-essa」），名詞，由「sobre」，意：「在……上方」，與「mesa」，意：「桌子」組成，Sobremesa是「餐桌上」的閒談，用來形容飽餐一頓後那段時光，桌上已經沒有食物了，談話聲卻仍不間斷。

SPAIN

西班牙

想像某個溫暖的夜晚，你不用套上外套就出門了。太陽沒入了地平線，石子路上散發著一股舒服的熱氣，這時你滿心期盼，空氣中彌漫著一種氛圍，告訴你這個夜晚盡是樂子。現在再想像一下，幾個你最喜歡的人出現了，你們走在一起，心裡想的只有尋覓宵夜或點心之類的。可能你會來杯葡萄酒，也可能是馬丁尼，或來些炸花枝。你們吃吃喝喝，然後再到下一間酒吧，重頭再來一次。再換一間，再一次。然後又再一次——直到你決定今晚到此為止，因為你知道所有人都已經盡興。聽起來是不是很誘人？這就是「Ir de tapeo」（去吃點小吃）——西班牙人的幸福。

「在西班牙就是要 Tapeo，不管你住哪，」來自安達魯西亞（Andalusia）的平面設計師迪亞哥告訴我。「就算你住在鄉下，你的小鎮每週六晚上一定也會有班公車可以帶你進城。」「我無法想像沒有 Tapeo 的生活，」瑪塔也認同。「週末夜就是要出門，從晚上七點半開始玩，看看最後會玩到哪裡。」

吃吃喝喝一整晚，直到隔天七點

「Tapeo」，去吃點小吃，通常是一手拿著酒精飲料，另一手拿著點心，吃喝都是站著，不管是在酒吧內還是在街上。西班牙人會聊天、吃吃喝喝，然後走到下一間酒吧，一直重複下去，直到「至少跑了三間，有可能還會跑到七間之類的……」瑪塔告訴我。

「如果你二十幾歲，你會一路在外面玩到隔天早上十一點，然後可以去吃點吉拿棒沾巧克力，」迪亞哥說。迪亞哥二十幾歲。「如果是三十幾歲，」他想到這裡差點都要打哆嗦了，「那可能就會玩到早上五點或七點吧；四十幾歲的話，大概凌晨兩點。但不會再更早了！」隔天

不會很想死嗎？「當然會啊！」他這樣告訴我，但顯然這也沒差，因為他們知道自己會很想死，所以那天不會有安排。西班牙人不吃早午餐。「我們會想『什麼啊？週末耶！為什麼要在中午以前就起床？』不要，就是不要。」跑吧跑累了的西班牙人，會選擇在下午一點左右吃早餐，然後到了下午三點再吃個簡單的午餐，接著再開始下一輪。

站著吃，更有活力、更方便交際

「在西班牙，沒有食物或酒水，就沒有社交活動，」瑪塔說：「在每個地方你都會吃點小東西，所以幾個小時下來，就差不多吃掉完整的一餐了。」很多酒吧只要買酒就會免費送小點心。「酒吧內通常沒有空間坐，」瑪塔說：「所以你就像罐頭裡的沙丁魚一樣，但也因為站著，你會感覺更有活力──這樣可以更融入，更方便交際。」

許多研究顯示，站著比坐著更健康，梅奧醫學中心（Mayo Clinic）的一份報告也發現，一天站六小時，過胖的風險甚至可以降低三分之一。好啦，一邊喝著桑格利亞氣泡酒（Sangria）可能會稍微抵銷站著的好處，但站著喝總比攤在椅子上喝好，對吧？「我是不知道啦……」瑪塔皺起了眉，我才想起她是設計師，不是醫生。「不過在室外站著社交確實有些好處，你會感覺很有活力。」西班牙的天氣很可愛，很適合花時間待在室外。

在西班牙，整年幾乎都能見到陽光，所以西班牙的 4,650 萬名居民常有能改善心情的維生素 D，西班牙冬天也不需要冬眠。就算是在比較冷的月份，西班牙人還是會 Tapeo，這樣很好，因為經過證實，常與朋友見面並且花時間待

在室外，對心理健康很好。瑪塔也同意 Tapeo 的社交特性正是它吸引人的關鍵：「光是被其他人環繞，就可以得到一種真實的共鳴感，」她告訴我：「就像是我們共同享受著一個集體經歷。大家一起。」迪亞哥也認同：「光是走到街上看到大家玩得很盡興，你就會跟著感到開心——哪怕你根本不認識這些人，他們的吵鬧聲與歡樂很有感染力！」

<h2 style="text-align:center">一起發牢騷，讓人更快樂</h2>

西班牙人喜歡一起做事，也喜歡一起發洩。「夜晚出去享受好時光還有發牢騷最棒了！抱怨讓我們感到快樂。」二十世紀的哲學家，西班牙巴斯克（Basque）的米蓋爾·德·烏納穆諾（Miguel de Unamuno）相信，抱怨可以幫助我們與身邊的人建立關係，他在他的論文《我的宗教》（My Religion）中寫道：「每當我感到痛苦，我就大叫，並且是在公共場合大叫，」藉此「撥動其他人心中的悲痛和弦。」墨爾本大學的研究也發現，抱怨是一種很好的發洩。

瑪塔和她的朋友生來就明白這點。「我們真的很喜歡抱怨錢——納稅、薪水、或是身上的現金不夠撐到月底等等。西班牙在幸福排行榜上分數很低，我們還有很多政治問題……」她邊對我說邊揮著手。這揮手道盡了一切，從西班牙內戰、獨裁者佛朗哥（Franco），到 2008 年開始延續了將近十年，至 2017 年才趨緩的經濟大衰退。「我們有很多課題，」瑪塔告訴我：「但就某些方面而言，我們喜歡這樣戲劇化。」

與多數拉丁文化一樣，西班牙人生性外向開放，北歐人或亞洲人常無法理解。「我們喜歡分享自己的私生活，」瑪塔說：「毫無保留。戲劇化在這裡非常正常。從朋友身上得到支持會讓你鬆一口氣，所以說如果你不分享，就無法釋放你的情緒。我們想要體驗這些強烈的情緒，並且表達自己——這幾乎就像

是我們的自尊的來源，」她還補充說：「只有要熱情，就有生命。」好吧，詩人羅卡（Lorca）。瑪塔說：「分享我們的夢想、吃吃喝喝，這就是西班牙的幸福。不過重點還是食物。」別看瑪塔瘦瘦小小的，她的用餐哲學一向是：「吃到褲子沒有空間為止，然後解開第一顆扣子，再吃。」

食物是幸福生活的基礎

在西班牙，食物是幸福生活的基石，瑪塔也告訴我，西班牙每個地方都對自己的特產感到驕傲：「加里西亞（Galicia）的海產最棒、瓦倫西亞（Valencia）則以什錦飯聞名。」安達魯西亞人愛魚成癡，當地甚至還有魚餌販賣機。「在安達魯西亞也可以喝到番茄冷湯（Gazpacho）、巴斯克自治區的酒吧小點心（Pintxos）則非常有名。」瑪塔說。

巴斯克文化的另一個特點是「Txokos」，就是美食社團，大家聚在一起烹飪，一同享受自己做的食物。「一邊烹飪一邊跟其他人聊天，還可以一起吃飯，很好玩。」瑪塔告訴我。但這也是個大工程，「如果你是主辦人，就要準備一百人份量的食物，就算參加的其實只有五人。」瑪塔說。準備食物的參考原則是「不可以看到食物底下的桌面」。你可能會需要花十個小時做菜，瑪塔說：「但做好之後你就可以好好放鬆，坐下來聊天。」

飽餐後的談話，是一種純粹的喜悅

西班牙文中有個字，專門用來指酒足飯飽後的對話：「Sobremesa」。通常發生在飽到動彈不得的時候，你就像被自己肚子的重量釘在椅子上，起不來。這種感覺其實不會不舒服，只是代表你這時沒有其他選擇，只能昏昏地、鬆鬆地、塞滿碳水化合物地與方才一同用餐的人聊天。多數西班牙人無法想像沒有 Sobremesa 的幸福生活。

Sobremesa 的時間可以短至二十分鐘，長達數把小時。「如果你跟某人約下午三點吃午飯，那麼至少到晚上八點以前，你都沒法有其他約了。」瑪塔說，這是因為 Sobremesa。「這是一種純粹的喜悅，這是對別人為你做這些食物表達感激的方式。」在西班牙，用餐可以多代同堂，因為多數餐廳與社交環境都歡迎小孩。不必等到餓才吃 —— 瑪塔也告訴我西語庫中另一個很棒的字：「Gula」。Gula 是僅為了品嚐而進食的慾望——所有自認貪吃的人都能明白這種感覺，但是很可惜，在英語詞典中並沒有類似的詞彙。

在西班牙，幸福就是社交加上食物：站著手裡要有食物，坐著手裡也要有食物；西班牙人不在意站或坐，只要食物充足就好，只要身旁有親朋好友就好。就像瑪塔說的：「西班牙人懂得享受人生，因為我們懂吃。」

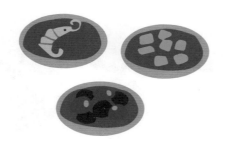

如何體驗「Tapeo」，跑吧吃小吃文化？

1

你住的地方沒有下酒菜文化？
建議你家附近的酒吧多增加一點食物菜單，
或是走路到住附近的朋友家蹭吃。

2

找幫人一起混。Tapeo不是讓你用來自省的時間：
買點零食、約幾個朋友，吃吃喝喝、快快樂樂。

3

出門去。住在寒冷的國家？卯起來穿多點，
把自己弄到快流汗，然後說服自己你在很熱的地方。

4

不要一開始就灰心。
如果第一間酒吧不好玩，仍要保持信心。
第六間酒吧搞不好會有什麼意想不到的樂趣……

如何體驗「Sobremesa」，餐桌上的閒談文化？

1

把媽媽的話拋在腦後，盤裡的食物吃光後不要馬上起身，
繼續坐著，看看會發生什麼事。

2

如果一同用餐的人還是一吃完就想要起身，可以試著招呼大家多吃點，
給大家倒酒，直到每個人都被自己的肚子給釘在椅子上了。
這時，就可以開始討論哲學大道理了……

SMULTRONSTÄLLE & LAGOM
野莓之境&剛剛好哲學

Smultronställe（發音：「smul-tron-stelle」），名詞，原意為「野莓之地」，來自於瑞典文「smultron」（野莓），以及「ställe」（地方）。該詞始見於二十世紀早期，是遠離塵囂、鄉村度假的代名詞。此詞現在被用來形容可以用來逃避、放鬆的安靜場所；是你最喜歡的空間，在那裡，你可以忘卻所有煩惱，且通常會是其他人不容易找到的地方。

Lagom（發音：「lah-gom」），可作形容詞與副詞，來自於瑞典文的「Lag」（團隊）。根據瑞典民間故事，「Laget om」（圍繞著團隊）是以前維京人在用角傳著滿滿的蜂蜜酒時會使用的片語，每個人都可以得到自己的一份——不多也不少。而現代人把Lagetom簡化成Lagom，詞意維持不變：「剛好足夠」。

SWEDEN

瑞典

想像有一個你可以去的地方，而沒有人會知道你在那裡，或是他們知道你在那裡，但不會去打擾你。當你備感壓力、疲憊不堪或喘不過氣時，你可以去的快樂之地——可能是陰涼的小樹林，附近公園中一個安靜的角落，或是你最愛的咖啡館，甚至可能是你自家的後花園。那是一個不怎麼起眼、低調的地方，通常有著特殊的情感價值，還能療癒你。這個地方就是你的「Smultronställe」。

「Smultronställe 對瑞典人有著很特殊的意義。」來自馬爾摩（Malmö）外一個小村的哈娜說。「每個人都有一個 Smultronställe，每個人的 Smultronställe 也都不相同。我的 Smultronställe 是我在需要補充元氣的時候最喜歡去的地方。」瑞典這個平等主義的理想國，是出了名的「幸福」國度，在世界的滿足指數調查中，時常排名第一。所以說，Lagom 這種「剛剛好」的人生態度以及客製化的 Smultronställe，能使瑞典人更加幸福囉？哈娜認為是的。

起源自瑞典經典童書的Smultronställe概念

許多瑞典人第一次接觸 Smultronställe 的概念，是因為一本艾莎・貝斯寇（Elsa Beskow）1910 年出版的經典童書《森林的孩子》（Children of the Forest）。該書的插圖中，亞麻色頭髮的小孩用長長的、芒草般的鋒利葉子（貓尾草）串起野莓。這些森林的孩子們住在一棵老松樹根部的深處，每天忙著與松鼠玩耍、採集野莓，下雨的時候就躲在毒菇底下。

「我現在腦子裡很有畫面，」哈娜說。「伴隨著你長大的畫面是不會消失的。而且瑞典小孩每個暑假都會做這件事。我們會在鋒利的長草上插滿野莓，然後吃掉。我現在也會帶著自己的孩子這樣做——藉此懷念那段無憂無慮的時

光。」瑞典人心中都有這種能帶你回到過去的療癒田園時光，英格瑪‧柏格曼（Ingmar Bergman）甚至在 1957 年拍了一部名為《野草莓》（Smultronstället）的電影，片中男子打開了一扇門，發現門後的一切都和兒時一模一樣。

獨處讓人感覺幸福

　　Smultronställe 不只是用來緬懷過去的地點，也是你逃離這個世界的避難所。「我的 Smultronställe 是附近森林中的一塊小空地，我知道到了秋天，那裡一定能找到雞油菌菇。」烏普薩拉（Uppsala）的克利斯欽說。他還告訴我很多瑞典人渴望獨處，所以會選一個不太會有其他人出現的地點當作 Smultronställe。「我們覺得人越少越幸福，我們不太介意孤獨——我們只會心想『好安靜，真美好！』」克利斯欽說。「我們喜歡獨處，」哈娜也同意：「一般來說，我認為瑞典人比較注重隱私，比較不善於表達自己的情緒。我們甚至看起來好像鬱鬱寡歡，但其實我們只是不喜歡大張旗鼓。」

　　跟瑞典同事共事、因公或旅遊造訪瑞典時，我發現這個國家的民情帶有一點憂鬱的色彩，但是不會讓人不舒服，甚至還有點令人嚮往。他們讓人感覺花時間自省是身而為人不可或缺的元素，不該抵抗。瑞典和挪威一樣，因為環境不友善，所以幸福的滋味更加美好。

　　大多數瑞典人都很滿足於自己所擁有的——就是「剛好、足夠」。我在斯德哥爾摩（Stockholm）外哥特蘭島上（Gotland）的一間飯店寫著這篇文章，這是間四星級飯店，飯店很乾淨，該有的都有，但一點也算不上「奢華」。房間裡有床，早餐是裸

麥麵包，有淋浴間，但就這樣。其他設施僅是極簡堪用，我後來想想，把「Lagom」剛剛好的哲學帶給全世界的國家，也應該就是這樣沒錯。

剛剛好，最好

「Lagom 是大多數瑞典人看待生活的方式。」克利斯欽說。他從很小的時候就明白 Lagom 的概念。「我還記得小時候被問：『你要吃多少？』我回答：『Lagom』；或是人家問我：『吃飽了嗎？』我會說：『Lagom』；或『新衣服的尺寸可以嗎？』『可以，Lagom。』」Lagom 的意思是「足夠」、「剛好」、「需要多少就剛好多少」或「需要多長就剛好多長」，這就是瑞典人生活的原則。

克利斯欽提到了洋特法則——十條北歐生活準則（見「丹麥篇」），然後告訴我：「我們從小就認為臭屁是不對的，甚至就連穿著太顯眼的服裝都是不對的。」我低頭看了看自己身上那件荷葉邊衣袖的浮誇毛衣，撥了一下頭髮想要蓋住誇張大的耳環。「我們不喜歡太張揚，」他用極為柔細的音量說著，讓我不得不降低分貝，「而且在瑞典，搶風頭會遭人白眼。我們不是……」他差點要講出「美國人」，但還是即時改口說：「我們不會跑上前跟不認識的人……」說到這裡，他張開雙手做了一個誇張的手勢，然後為了自己這般誇張表現露出了尷尬的樣子，彷彿他這樣模仿外向國家，是侵犯了我的私人空間。

「我想說的是，就連丹麥人都比我們外向，挪威人也是！他們會去滑雪……一副快活樣……」他說這話感覺外向是件壞事。「想像有個北歐個性光譜，光譜一端是外向，另一端是內向，挪威落在最外向那一端，再來是丹麥，瑞典落在差不多中間的位置，芬蘭人在另一端。」克利斯欽說。「芬蘭人

已經超越 Lagom 了，」他說：「他們根本不跟人交談。我們會開玩笑說：『至少在瑞典我們會說「Skål」（敬酒語），芬蘭人就直接開喝了。』」我好喜歡可愛的北歐圈內笑話。「不過，我們的共通點是喜愛大自然。」他說。

花時間待在大自然，提升心靈幸福感

Smultronställe 講的是一種對自然世界由衷地欣賞，以及在大自然中找到的平靜、復甦感，瑞典文中還有其他很多類似的詞彙，用來形容戶外生活的各個面向。「Gökotta」是「大清早的布穀鳥」，意思是起床時間夠早的話，就能夠聽見當天第一隻鳥展開歌喉；而我最喜歡的是充滿詩意的「Daggfrisk」，意思是「露水般新鮮」，或在大清早太陽剛升起時就已經睡飽，醒來時那種純淨、乾淨的感覺。只要氣溫一回暖，水銀溫度計爬到零度以上的時候，瑞典人就會外出慢跑、健走或是越野滑雪，結束後再到戶外的共同烤肉區或野餐處吃飯。

北歐國家中都有一條類似的法律，允許人民隨處走動或搭營，只要能愛護周圍的自然景色、野生動植物還有尊重當地人就沒問題，瑞典也不例外。瑞典有超過 80% 的人口，都住在距離國家公園或是自然保護區八公里以內的範圍。紐約大學朗格尼醫學中心（NYU Langone Medical Center）的研究也指出，花時間待在大自然中可以減輕壓力、提升心靈健康，甚至還可以降低血壓。瑞典人很小的時候就學會欣賞大自然，許多五歲小孩也都會在週六到「自然學校」報到；年紀比較大的孩子，則要學習基本「採食」以及地圖閱讀。

「瑞典人對食物的要求是：食材要當季、當地、有機。」住在烏普薩拉的作家利索洛說，他又補充說明：「我們熱愛採集食材。在樹林裡看到一家人提

著塑膠桶採莓果和菇類，是很稀鬆平常的事，瑞典人採集食材後常做的經典佳餚有：蕁麻湯，裡面還有切半的水煮蛋，以及藍莓派。」根據瑞典統計局，超過一半的瑞典人都有間避暑小屋或是鄉村小屋，而且瑞典人走進大自然、享受戶外好時光的意志相當強大，尤其是戶外運動。

瑞典人會在雨中、雨雪交加的天氣中或是凍死人的霧裡慢跑，我上一次去瑞典時，看到一大群跑者在早餐時間前，不畏暴風雪衝到街上——謝萊夫特奧（Skellefteå）每一年都會舉辦「北歐冬季浴水冠軍賽」，參賽的勇者會在攝氏 0.3 度的水中游泳，身上只穿著泳衣和泳帽（為避免失溫，規定一定要穿戴）。

享受戶外生活，但回家更棒

許多瑞典公司會鼓勵員工，在行事曆上標出一整段的戶外活動時間，瑞典政府也提供給提倡運動的公司稅務減免。而當寒冷黑暗，缺少陽光的冬季開始令人感到陰鬱時，瑞典人便會回到家中享受「Mys」。Smultronställe 常指逃到戶外，而 Mys 指的就是回到室內的舒適感。

「Mys 的主要元素是蠟燭、沙發和閒聊，」克利斯欽說：「我們還有『Fredagsmys』（舒適週五），這一天我們會在燭光邊吃點特別的美食，通常是獨自享用。」那會吃些什麼呢？「嗯，通常是洋芋片。」洋芋片？薯片？薯片是「特別的美食」？克利斯欽點點頭。我告訴他這感覺有點窮酸。

「是 Lagom！」他糾正我。顯然小點心是「特別的享受」，因為這代表不用開伙，吃完也不用洗一大堆鍋碗瓢盆。因為瑞典人的日常是瘋狂運動還有享用豐盛的自採、當地、當季佳餚，「洋芋片週五」會是個不錯的轉換。「重點是要在家裡享受 Mys，」克利斯欽說：「而家對瑞典人來說好重要。我們有句

話說：『出門很好，但回家最棒。』

　　雖然瑞典人從事戶外活動不遺餘力，到了冬天，很多瑞典人還是要面對二十四小時的黑暗以及零下的氣溫，所以他們不得不花很多時間待在室內。家成了瑞典人的避難所，也難怪他們這麼注重設計。IKEA 之外，瑞典人的美學舉世聞名——從傢俱到服裝，甚至還有字體。2014 年，最潮的瑞典人決定藉著創造瑞典「國體」來加強國家的品牌形象，這種字體就叫做「瑞典體」（Sweden Sans，超級 Lagom 的名字）。瑞典的政府部門、機關以及企業想要一個清楚代表「瑞典」的品牌形象，所以屏棄了華而不實的形容詞，決定使用簡單的「瑞典體」替該字型命名。

Fika：咖啡＋蛋糕，缺一不可

　　瑞典人唯一怎樣都覺得不夠的東西，只有咖啡。瑞典人很會喝咖啡，全世界能打敗瑞典人的只有荷蘭人和芬蘭人。瑞典人狂灌這種黑黑的飲料，甚至還有一個詞「Tretår」用來形容「二次續杯」或「三次續杯」。

　　「這是 Fika（咖啡小憩）的一部分，」哈娜說：「類似 Hygge，但我們不像丹麥人一樣，覺得要老把這個字掛在嘴邊。去做就是了。」當瑞典人享受了足夠的獨處時光，準備好要聚在一起聊天、喝咖啡、吃蛋糕的時候，就是 Fika。

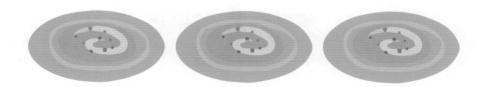

Fika 不可能沒有蛋糕相伴（真的，我到處問過了，問的時候還被一堆人瞪），根據瑞典農業數據委員會，一個瑞典人平均每年要吃掉等同於 316 個肉桂捲的量的糕點。而 Fika 很重要的一點是，不會有人好意思伸手拿最後一塊蛋糕或肉桂捲。「你可以把最後一塊切一半，拿一半，」克利斯欽說：「然後可以再把剩下的部分切成一半。再剩下，再切，繼續切——切到剩下不能再切的小塊為止。」為什麼？我不得不問。「因為拿走最後一塊，別人就沒得吃了，就不 Lagom 了。總之就是不可以！」

分享和蛋糕——這兩個東西對瑞典人來說都非常重要，甚至有一整套的相關規定。克利斯欽告訴我，對多數瑞典人來說，幸福生活在於些小事——而且剛好足夠就好了（咖啡除外，續越多杯越幸福）。

我從 2013 年搬到北歐起，就一直在學習 Lagom。我覺得我進步了，我的房子很 Lagom；我的車子很 Lagom；我那件穿了六年還在穿的毛衣，手肘的地方都已經鬆到會晃來晃去了，但還是很好穿、很保暖，也很 Lagom。如果我開始感到心煩意亂，需要休息、需要調整自己、調整生活，我就會到我的 Smultronställe，吃塊肉桂捲，喝點咖啡。

如何運用「Smultronställe」， 野莓之地調整自我？

1

找到屬於你自己的「野莓之地」。我的野莓之地是家裡附近一個小山丘的山頂（丹麥唯一的山丘）或是我的衣物間最深處，我在裡面掛了小彩燈，可以躲在冬天的外套後面，那裡是我的「納尼亞」。在特別辛苦的一天或是需要暫離我的家人時，我會去這些地方（除非他們正在讀這篇，如果是這樣的話，我只是要去認真收衣服啦，或是把垃圾拿出去放，馬上就回來……）。

2

逃走。可以逃的時候就逃。最佳時機是崩潰邊緣。
坐下，呼吸，想想和松鼠玩耍、採集野莓、下雨時躲在毒菇下的歡樂時光。

如何體驗「Lagom」，剛剛好就好的哲學？

1

想想「瑞典人會怎麼做？」
—— 你杯裡是只剩半杯，還是剛好夠喝？

2

趕快擺脫「更努力工作，才能買更多東西」的惡性循環 —— 傻子才這樣玩。
想想你最需要（不是想要）的是什麼，把這個設成你的目標。

3

對你所擁有的還是感到不滿足？
去吃蛋糕吧，不要吃太多就好，
記得與他人分享。要分享到最後一小塊。

FEDERERISM

費德勒主義

費德勒主義*，名詞，以世界網球冠軍羅傑‧費德勒（Roger Federer）為名的哲學理念與意識型態，不過也可以用來指瑞士這個國家。這個新鑄的詞可表示控制、精確、體育精神、勤奮、秩序、乾淨——這些都是這位出生於巴塞爾（Basel）的網球專家身上的特質，他的瑞士同胞也幾乎都有相同的特質。

*註：我知道詞典尚未收錄「費德勒主義」，但這是我的書，我就想要用這位網球選手的崇拜者用的詞彙，來形容這個國家（就像萊斯利‧戈爾〔Lesley Gore〕的歌詞一樣：「這是我的派對，我想要哭就哭」）。

SWITZERLAND

瑞士

瑞士是瑞士蓮巧克力球、銀行業、鐘錶的產地，也是蒂娜‧透娜（Tina Turner）的祖國。在過去幾十年的調查中，瑞士時常登上世界最幸福的國家排行榜，但沒人知道確切的原因為何——瑞士人自己最納悶。

這個高山繚繞，有四種官方種語言，26 個州，人口 780 萬的內陸國，替世界帶來了很多改變人生的發明，例如魔鬼氈、無糖什錦穀麥（Muesli）以及潔廁得（Toilet Duck）清潔劑。瑞士還出了 25 個諾貝爾獎得主，以及史上最強的大滿貫網球冠軍。讓我們歡迎羅傑‧費德勒——他是男人、男神，身上還集滿瑞士所有的優點。

「費德勒是瑞士人的驕傲，這是當然，不過我們不會拿來說嘴，其實瑞士人真的不喜歡拿什麼來說嘴。」來自蘇黎世（Zurich）的史蒂芬說。我與史蒂芬聊的那天是個寒冷的週二，我正與支氣管炎抗戰，努力想要擺脫狂睡、病懨懨、還有被人評論的感覺。我這種亂糟糟的英國形象，一碰到史蒂芬的沉著、冷靜、「超級瑞士」個性就更顯誇張。史蒂芬看起來很沉穩，搞得我忽然變成《妳是我今生的新娘》中的花花公子休葛蘭（Hugh Grant）。

「我們瑞士人很理性，」史蒂芬告訴我，但其實我已經發現。「瑞士很安全、穩定，什麼事情可以公開討論，基本上要什麼有什麼。」他告訴我瑞士失業率很低、稅很低，但是醫療品質還有整體而言的生活水準都很高。

「而且我們的山也很高，」他補充道。「瑞士很乾淨，事情也都運作的很好。我們有很健全的民主，跟其他地方比較也算富有……」這是一種講法，另一種講法是，瑞士目前的人均國民生產總額排名世界第八，瑞士銀行業也鼎鼎大名。「我們很知足。」談到瑞士口袋有多深的時候，史蒂芬只做這樣的評論。話說回來，聊錢實在不上道，而且瑞典人也不愛炫富。

瑞士人安靜、自信、滿足的原因

「他們的自信是安靜的。」我的同行，《瑞士做到的事》（Swiss Watching）的作者狄肯・比尤斯（Diccon Bewes）告訴我。比尤斯在伯恩（Bern）住了十三年。「瑞士人不喜歡張揚，且認為炫耀是不好的行為。他們知道，跟世界其他地方比起來，自己的生活品質非常好——與英國或美國相比更明顯，」比尤斯說：「瑞士人的生活滿意度很高，他們確實也有理由感到滿足。」這個國家很擅長準備、秩序、控制、有始有終，也知道要先努力才有收穫。他們勤練習，就像網球明星費德勒對來自世界各地的球迷說的一樣，這是「費德勒主義」。

不管你對體育有沒有興趣，羅傑・費德勒都是經典指標性人物，無庸置疑。費德勒的頭髮好漂亮，他對自己那件羊毛衫的熱愛也好可愛，但除了這些，他在球場上的沉著冷靜簡直不可思議。他不會發出低吼，也不像多數男球員喜歡在場上展現雄風，真是好險。

費德勒舉手投足都彬彬有禮，一名曾經與他共事的收音師告訴我，這位巨星會和每個人握手，工作時會看著工作人員的眼睛，殺青後也一定會感謝劇組

（「非常少見」）。「他穿的那種羊毛衫是我從未見過的材質，料子超軟，品質超好，而且他身上真的好香，好好聞……」我的情報員告訴我。每個見過費德勒的人都稱讚他舉止沉穩、有禮、專業，其中有些還會提到他身上的味道。瑞士人也像他一樣，對吵吵鬧鬧避之唯恐不及，喜歡端莊得體（而且通常身上也很香，就我自己的經驗來說啦）。

「他們一般都很有禮貌，很低調，」比尤斯說：「室外氣溫可能只有零下17度，但是瑞士人會說：『有點冷』，或根本提都不會提。」不過這也有缺點，就是瑞士人有時真的太過寡言。「我曾經負責管理一間書店，在員工自評的時候，我要大家告訴我他們自己的貢獻，結果很慘。」比尤斯說。因為「費德勒主義」是不自誇。

有好長一段時間，費德勒並沒有教練在身邊告訴他該怎麼做，但他還是贏得了大滿貫。他的前教練保羅・安納孔（Paul Annacone）告訴媒體，他不覺得自己的離開會對這位大師級選手的比賽有什麼影響，因為「傑出並不會因此中止」——這名球星自立自強，依舊有非常好的表現。

參與民主過程，提升幸福指數

「費德勒主義」除了謙遜，還代表著控制，而瑞士人最喜歡「管事」。瑞士有全世界最接近直接民主的政體，一般公民都可以提案修改憲法，並且只要提出申請就可以針對任何一條新法舉辦公投。瑞士的政府由四黨聯合組成，但是若不能得到公民的同意，政府官員也無權做任何改變，而瑞士 26 個州的自主權也相當高。「類似英國脫歐公投這種事，在瑞士不可能僅由一人發起，」比尤斯告訴我：「因為在瑞士，要先由人民決定是否要舉辦公投，然後每個人都要去投票，然後才決定要不要舉辦下一次公投。」直接民主意味著政府和國會只能做 80% 的決定，並且每一個公民都能參與政治過程。有時其實還滿辛苦的。

「我們每三個月就會針對許多議題投一次票，最近其中一個議題是——又一次——伯恩新的輕軌電車，」比尤斯告訴我。「就連在工作場合，每個人都有表達意見的權利。有時要做決定得花上三個小時，但是這種強調選擇權的做法，似乎讓瑞士人感覺幸福。」沒錯，瑞士經濟學家布諾·佛瑞（Bruno Frey）對民主與幸福之間的關係進行研究，發現住在最常舉辦公投的地方的人比較快樂，也感覺自己握有較多權力。瑞士還有尊嚴安樂死機構（Dignitas），安樂死可說是「私事民主」最好的例子。

吃點巧克力，給自己一些甜頭

瑞士巧克力舉世聞名，有些人認為瑞士人的幸福指數之所以這麼高，可能跟巧克力內的化學物質色胺酸（tryptophan）有關，這種化學物質可以刺激大腦釋放血清素（Serotonin）。瑞士菁英體育健將也吃巧克力，費德勒去年在澳洲網球公開賽中告訴一名記者：「我喜歡吃巧克力……我喜歡給自己一些甜頭，不會有罪惡感。」但是根據「科學」，要吃到好幾公斤的巧克力，才能攝取到足夠的色胺酸來刺激血清素釋放，帶來好心情，而且，雖然瑞士的巧克力銷售量居世界之冠，但很大的比例其實是外銷。

回來聊黃黃毛毛的網球。費德勒三十五歲決定加強反手拍的時候，早就已經贏得了大滿貫，已經是個（人生）勝利組，但他卻仍想創下個人新紀錄，精益求精。費羅勒也鼓勵大家用這種心態好好努力，他說：「努力沒有捷徑，擁抱它吧。」其他適合印在馬克杯上的勵志語還有：「有時犧牲好大、努力好多，換來的回報卻只有一點點，但要知道，只要朝著正確的方向努力，一定會有所收穫。」還有「擅長某件事，就專心只做這件事。」

　　費羅勒不願意拿下獎牌後就休息或是自滿，瑞士人也一樣，總是防患未然。除了擅長製造瑞士小刀，瑞士還有義務役，所有身體健康的男性公民都必須服役，也會舉辦坦克車演習，以免未來被侵略——雖然瑞士自 1847 年起就沒有參與過任何戰爭，在戰爭中一直以來都是中立角色。

精準、控制，然後好好享受

　　「費德勒主義」在於仔細、謹慎。舉個例子，瑞士手錶就是精準的大師級工藝。瑞士聞名的還有清新的空氣、無塵的街道，以及守時。「守時不是掛在嘴上一直說而已，」比尤斯告訴我。「在英國，火車遲到超過 10 分鐘算誤點，但是在瑞士，3 分鐘就算。即便如此，瑞士火車的準點率還是高達 88%。」因為如果你是瑞士人或羅傑・費德勒，你的標準就要很高。

　　「費德勒主義」要我們時時保持警覺，因此活在當下也非常重要。因為只要付出努力，好好準備，就有條件可以活在當下。

　　偉大的運動員必須意識到周邊的環境——心理上、情緒上以及空間上都是。瑞士雖然熱愛守時以及時間管理，卻也很擅長活在當下。「他們不太會匆忙離開，或是感覺自己應該要趕去哪裡，」比尤斯說：「他們喜歡逗留，喜歡體驗事物。」哈佛大學的心理學者發現，留在當下、活在此時此刻的能力可以改善我們的心理幸福，讓我們更加快樂。這也是「費德勒主義」的優勢。

滑雪、登山，讓瑞士人更快樂

　　瑞士人在聞夠了花香和瑞士同胞的香味之後，就會動起來。「瑞士人很常在寬闊的山中滑雪、登山。大多數瑞士人都感覺自己與自然有很深的連結。」史蒂芬說。上述兩種活動費德勒都喜歡，順帶一提，他連滑雪、登山時都沉著冷靜，還常帶他的前網球健將妻子以及四個孩子（四個！）一起上山。經過證實，接近大自然以及在戶外運動，都可以讓我們更加幸福，所以「費德勒主義」要我們每天都要進行這兩種活動。

　　最後，「費德勒主義」代表有始有終。今天精明，隔天卻廢得跟髒兮兮的止汗帶一樣有什麼用。多年來，瑞士人總是對外說他們「過得很好，謝謝關心」。不管他們的幸福問卷是法文版、德文版或義大利文版，幸福指數都一樣很高。聰明成熟又會說三種語言的瑞士人啊！瑞士人有時也很保守——有些人認為這是「心胸狹窄」——他們認為傳統和創新一樣重要，所以在他們擁抱當代生活信條之後（如魔鬼氈），仍會謹守神聖的週日傳統，商店不開門，這一天要陪伴家人！

　　他們的禮貌無懈可擊，含蓄而不刻意。費德勒是勞力士代言人，但他每次選的手錶都是最不閃亮的款式，使自己看起來「富有卻不炫富」，我的收音員

這樣形容。2003 年,瑞士公開網球賽的官方工作人員在想要送什麼給這位大富豪,來恭賀他的成就,最後他們送了一頭牛。費德勒很有禮貌,還大大感謝了他們一番,露出一個「牛耶!我一直想要一頭牛!」的表情,於是他們幾年後又送了他第二頭牛。

「費德勒主義」代表禮貌、紀律、卓越以及對各種變數的掌控,把出錯的可能降到最低。這種生活態度充滿抱負又不會好高騖遠,也很容易仿效——而且你真的可以對體育一點興趣都沒有。比賽結束,「費德勒主義」勝。

如何把「費德勒主義」應用在生活中？

1

在某個領域追求卓越，
但是不要炫耀自己的成就。
對所有人都要時時保持謙遜。

2

防範未然。
雖不至於要每天隨身攜帶瑞士小刀，
但是你可以把生活打理好、預先規劃、準備便當、
在日記中寫下下個週末要做的事、寫下職涯目標，
想想要經過哪些步驟才能達成目標。

3

活在當下。
做了萬全的準備之後，
你就可以優雅、閃耀地登場了，
無須擔心可能會出的差錯。

TARAB

音樂的魔力

◆

طرب，名詞，音樂引發的狂喜或魔力。Tarab一詞的使用可追溯至中世紀，當時此詞描述音樂和音樂家，廣泛使用於鄂圖曼帝國時期。今天，Tarab被用來形容阿拉伯文化中（尤其是敘利亞），某種特定音樂所引起的情緒迭起。這種音樂通常伴著傳統的烏德琴——長得像魯特琴的弦樂器——編曲。

SYRIA

敘利亞

雖然擁有沃土、高山、赤色沙漠，還有著名的「通往……的路上」頓悟（前往首都途中會幾度出現），但敘利亞通常不會跟幸福聯想在一起。敘利亞飽受侵略，長年被占領，到了2011 年，某次反總統的和平抗爭還演變成大規模的內戰……。敘利亞 2,110 萬人口中，有超過半數被迫離開家園，而這場災難尚未結束。朋友馬蒂安在 2015 年被迫離開他在大馬士革的家園，和其他 51,000 名敘利亞人一同落腳於奧地利。馬蒂安現在住在維也納，他告訴我，雖然很多人都從電視上或報紙新聞中對敘利亞有了一定的印象，但其實敘利亞還有鮮為人知的另一面。

「我當然想家，但至少我現在還在這裡，活著，敘利亞卻有很多人喪失了他們的生命，」馬蒂安說：「所以我們要繼續往前走，找到重返幸福的方法。」一直感覺痛苦會很難走下去，所以，馬蒂安告訴我：「想辦法好好活下去就是了，總有什麼可以帶來喜悅。」對馬蒂安來說，可以帶來喜悅的事物包括與朋友相聚、美食、馬（他擅馬術，在大馬士革的時候很常騎馬），還有「Tarab」。

Tarab：心的音樂

「敘利亞有非常雄厚的文化資產，」馬蒂安告訴我，雖說敘利亞的文化多在戰時受到損害（聯合國科教文組織的六個敘利亞世界遺產，都被破壞了），許多傳統藝術形式卻得以永久流傳。網路使敘利亞人能與親近的人保持聯繫——不論他們最後在世界的何處落腳——除此之外，網路還是他們與敘利亞文化之間的橋樑。「童年的家園不再，你也不知道還有沒有機會見到自己的家，」馬蒂安說：「所以能在 YouTube 上看到敘利亞相關影片，就是一件很棒的事，Tarab 音樂就是其中之一。」

　　「Tarab 很⋯⋯」他在腦海裡搜索著適合的形容詞，好不容易找到時，他已經迷失在思緒中，他說：「很神奇，在聽 Tarab 音樂的時候，你會感覺自己身在另一個世界中──就像是因音樂而醉了。」這下他露出了微笑。「非常非常特別。」他說要體驗 Tarab 就要仔細聆聽好一陣子。「不是 5 分鐘就結束的那種歌曲，」馬蒂安說：「我說的是長度 30 ～ 40 分鐘的歌，甚至有可能長達一小時。這種音樂可以帶你展開一趟旅程。」

　　能引發 Tarab 情緒的音樂，主題通常都繞著「心」打轉（「我感覺 80% 是情歌，剩下的是宗教歌曲」），這些主題很快就能碰觸到人的內心深處。馬蒂安告訴我，在經典 Tarab 音樂中可能會使用到的語句有：「Tushakil asi」──願你栽種我的香桃木。「在敘利亞，人們常在墳上種香桃木，」他說：「所以這句話表示你會比你深愛的人先過世，這樣就不用過著沒有對方的生活。」同理還有「Tatalie e qabri」，願你站在我的墳上；「Takafuni」，願你用布遮蓋我；「Tuqbirni」，願你埋葬我。

　　「我們確實經常在談論愛時提及死亡，」馬蒂安承認：「但我們不是真的想死⋯⋯」他告訴我，最近敘利亞人之間流傳著一個笑話：「我們說，國內動盪的情勢，造成的死亡人數可能是上帝給我們的回應，因為我們嘴裡一天到晚念著 Tuqbirni-takafuni-tushakil asi 這些話。」

感受Tarab使人狂喜的魔力

　　Tarab 是道地的阿拉伯文化，使用的都是烏德琴這類別處沒有的樂器，並以「Maqamat」等特殊的方式編曲──一組音符以相同的排列方式不斷重複，旋律的鋪陳非常突出。我想親身體驗一下 Tarab，於是馬蒂安推薦了一些

YouTube 經典影片。我看了已故的埃及裔敘利亞「烏德琴之王」法里德・阿塔什（Farid al-Atrash）的影片；來自阿勒頗（Aleppo）的偶像級男高音沙巴・法西里（Sabah Fakhri）在觀眾面前表演——他堅持演奏廳要燈光全開，這樣他才能看見台下的觀眾；最後是已故的烏姆・庫勒蘇姆（Umm Kulthum）。不管你本來計畫在讀完這篇文章之後要做什麼，通通取消吧。留個一小時聽聽烏姆・庫勒蘇姆。這位人稱「東方之星」、「埃及之聲」，甚至「埃及的第四座金字塔」的歌手，備受巴布・狄倫（Bob Dylan）、瑪麗亞・卡拉絲（Maria Callas）以及波諾（Bono）等人之推崇。

庫勒蘇姆那種原始的情感能量，讓她得到了來自世界各地的喝采。和所有的 Tarab 表演一樣，庫勒蘇姆演唱時，不受時間的限制，每首歌的長度不定，端看她與觀眾的互動以及她當晚的心情決定。庫勒蘇姆最紅的一首歌是〈Ya Zalemni〉，現場演唱版本從 45 ～ 90 分鐘不等，她喜歡一直重複同一句歌詞，每次重複時，強調的重點都不一樣，直到觀眾被她帶到一種近乎狂喜的境界——也就是 Tarab。「這類型的音樂有種神奇的魔力，可以感動你，改變你看待事物的方式，」馬蒂安說：「沒錯，也可以讓你變快樂。」

可立即改變心情的音樂

許多研究指出，音樂可以改變我們的心情，我一直以來也都很喜歡一種叫做「情緒激發」的「心理工具」，可以藉著看電影或是聽音樂，來讓自己感覺充滿力量、蓄勢待發。這可以幫助你解決一些令人畏懼的問題——例如可怕的會議或是困難的決定。音樂是文化的中心，各種人生大典中，音樂都扮演著關鍵的角色。音樂也是休閒時光的背景，音樂帶給我們認同感，能團結人心，也可以幫助我們跨越藩籬。2016 年《國際社會科學期刊》中的一份研究發現，在移民者很普遍的世界中，音樂成了移民者在新環境中調整、發展新身分不可或

缺的一部分。對數百萬民流亡海外的敘利亞人來說，音樂比以往更加重要了。黎巴嫩甚至有個聯合國教科文組織出資的計畫，來保存敘利亞地區的音樂遺產，提供樂理與阿拉伯音樂史等課程，以及烏德琴教學。

我非常感謝馬蒂安向我介紹敘利亞音樂，也深受感動，開始想要更深入了解敘利亞這塊土地。不過我也很好奇，西洋音樂中是否也有可以引發 Tarab 情緒的音樂。馬蒂安先是說：「沒有，」然後又說：「沒有、沒有、沒有。不過這只是我的感覺啦，」他又再補充說：「所以可能有吧。」

Tarab、古典樂、爵士樂的異曲同工之妙

在專業的音樂聊天室中，這個議題吵得沸沸揚揚，有些人認為古典樂，或甚至是音樂劇的配樂有可能可以匹敵。有幾個勇者甚至把 Tarab 比為「自由形式的爵士樂」，為此我向馬蒂安以及世界各地的敘利亞人深表歉意。我自己對古典樂的了解實在相當粗淺，但是貝多芬《快樂頌》中美妙的漸強，確實能給我帶來馬蒂安所形容的 Tarab 情緒。歌劇也可以。常被形容為能帶給人靈魂出竅體驗的歌劇，通常建立在愛情和死亡的主題之上——也與 Tarab 非常相似。

大家「最愛」的海灘讀物《器官移植程序》（Transplantation Proceedings），2012 年發表了一篇研究發現，小白鼠接受心臟移植後，於復原階段聽了威爾第（Verdi）《茶花女》（La Traviata）的小白鼠，他的壽命比不能聽該曲的小白鼠多了將近四倍。所以說，Tarab 本質上就是維生元素。看來我們這些西方人也能享受 Tarab 音樂帶來的好處，只不過要先警告你，
Tarab 音樂比我們一般聽的音樂還要更紮實一點。要用 3 分鐘的流行音樂概括 Tarab 的狂喜和絕望，幾乎是不可能的任務，何況聽眾還需要時間來進入這趟「旅程」。

參與現場演唱會，提升好心情

「當然，現場的 Tarab 音樂更是無與倫比，」我正準備要道別時，馬蒂安告訴我。「那是一種很棒的感覺，聽眾很投入，我最想念的就是那種合一感。在現場聽演唱，你會感覺自己不再孤單，至少這段時間內不孤單。」倫敦帝國學院（Imperial College London）的研究發現，參加現場演唱或演奏會可以降低壓力賀爾蒙，而在倫敦大學金史密斯學院（Goldsmith's University）擔任副講師的行為科學專家派翠克‧費根（Patrick Fagan）也發現，參加現場演唱會的人，好心情提升了 21%。

馬蒂安告訴我，他以前在家鄉時一天到晚去看表演。「這是很平常的一件事，」他說：「當你的生活中每天都有某件事的時候，你很容易視之為理所當然。然後這東西沒了，你就會感覺，你身體裡有什麼也跟著消失了。」

這種情緒讓我反覆思忖了好幾天。在網路上找音樂來聽，戴著耳機獨自聽，用容易取得的資源時時聽——這樣當然可以體驗音樂帶給你的情緒和想像。但是相較之下，善用我們擁有的自由，親臨現場，享受演唱或演奏會感覺好像忽然變得更有價值了。站在一個人面前聽著他的表演，你們會產生一種直接的連結。而與一票你還不認識的陌生人，在一起共同享受這個能帶來轉變的好時光，這種經驗更是無與倫比。

「音樂要能感動人。」一週後，馬蒂安在電子郵件中這樣說，這種感動可能是更深遠的同情、同理心，也可能可以讓你更認識自己。所以給現場音樂表演一次機會，準備好起雞皮疙瘩吧。聽聽能引起 Tarab 情緒的音樂，從中學習。然後讓你的頭髮垂在手臂上，看看世界是不是因此變得不一樣了。

如何體驗「Tarab」，音樂的魔力？

1

找些你有感覺的音樂。
要真的有感覺，無感不行。
我們需要體驗各種不同樣貌的生命力，
要記得人性的面貌，使自己做出改變。

2

可以的話，去聽現場音樂表演，多起一點雞皮疙瘩。
帶朋友去，或和與你一起欣賞的陌生人做朋友。

3

痛哭、大笑、感受、釋放情緒。
我們一起度過。

4

覺得卡關？覺得不通？
試試馬蒂安的音樂清單。

5

活出最精彩的人生，
就是現在。

MAI PEN RAI

別放心上

◆

　　ไม่เป็นไร（發音：「my-pen-rye」），泰國常用片語，通常譯
為「別放心上」、「不要擔心」或是「沒關係」。這個片語可以用
來避免衝突發生、化解緊張局面。Mai pen rai也是泰國文化中
很關鍵的元素，是一種生活哲學，提醒國人「接受」的重要
性。

THAILAND

泰國

你今天很慘。申請升遷被拒、沒時間吃午飯,到了下午四點的時候已經「飢怒交迫」,回家路上還被旁邊的車硬切。真倒霉,是不是?也許你需要的其實只是「Mai pen rai」專攻班。

Mai pen rai的泰式生活哲學

「大家常以為 Mai pen rai 代表我們不在乎,但其實 Mai pen rai 並非漠不關心。」來自曼谷的法莉妮說。Mai pen rai 不只是萬用的社交潤滑劑,更是一種「接受」以及泰式的生活哲學。「如果我想要得到什麼卻得不到,我會對自己說 Mai pen rai,意思就是『沒關係,時候未到,我先做點別的事』,必須放下,這就是泰國人生觀。」法利妮說。

泰國有 6,500 萬人,其中有 90% 的人為佛教徒——佛教是個講求「放下」的宗教。幾百年來,泰國政府一直採「依賴恩惠制」(patronage system),國王和地主管理土地、農人。但是 1932 年,民心動蕩,泰國(當時稱為暹羅)從君主專制國轉變成了君主立憲國。全國人民必須集體用 Mai pen rai 的態度,在這段動盪不安的日子中生存下去。

蒲美蓬·阿杜德國王(King Bhumibol Adulyadej)於 1946 年上任後承諾,「為了暹羅人的利益、幸福,會以正義治國」——整體而言,他算是信守承諾,因而受人敬重。但是他治國的這段期間也發生了十一次成功的軍事政變,以及七次政變未遂——最後一次發生在 2014 年。2016 年國王駕崩後,全國整整哀悼了一年,更多的混亂也接踵而來。泰國人再次必須靠著他們的 Mai pen rai 精神撐下去。

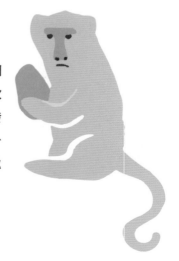

泰國是農業大國，40% 的人口都務農，在這樣的背景之下，Mai pen rai 精神就顯得非常關鍵。蒲美蓬·阿杜德國王在位時期，積極促進偏鄉發展，推動了四千個農業計畫，從灌溉造林到酪農業，皆涵蓋在內。他也提倡自給自足，鼓勵農民種植足夠自用的糧食，剩餘的作物再拿去販賣或交換。

接受不能控制的，繼續向前

「國王成功地讓農業變得吸引人，務農在泰國是報酬很高的工作。」來自曼谷附近的瓦琳朋說。「在泰國，務農備受敬重，也是眾人推崇的生活方式，但是務農也有很多無法控制的變數。」作物長不起來，做什麼都沒用，只能接受。Mai pen rai。

就像日本的侘寂一樣，泰國的 Mai pen rai 哲學告訴我們，大自然不可抗，只能接受、歡慶。「我們從小就明白生命這些道理——天氣、收成等——全不在我們掌控之中，所以當事情發生時，不如接受，然後繼續往前。」

這不是說泰國人並不努力把事情做到最好。「Mai pen rai 不是逃避責任。」法莉妮說，逃避責任違反佛教教義——佛教徒不僅要為自己的生活負責，也要為身邊所有的生命負責。而 Mai pen rai 要我們自己想辦法，不麻煩別人。「本質上，這就是一種永續的宣言，」瓦琳朋說：「自給自足，有自己的住處，種著自己的作物，對我來說這就是幸福。」Mai pen rai 與韌性、自足之間有著錯綜複雜的關係，「因為你最不希望的就是造成別人的麻煩——這是泰國文化很重要的一部分，我們從小也接受這樣的教育。」她說。泰國人甚至習慣拒絕別人的幫助或好意，只因為他們不想麻煩別人或造成別人的困擾。

滿足、冷靜，讓自己更快樂

　　自己自足與接受自己的生活現況等概念，也可在泰語的常用片語中見端倪。像是「Por dee」表示剛剛好，「你不必很有錢，但要有剛好足夠的錢來維持生計。」瓦琳朋說。這很像瑞典的 Lagom。所以你可以說你的洋裝在你身上「Por dee」，也可以說你的工作對你的生活方式來說很「Por dee」。

　　還有「Sabai」，代表舒適或是健康，Sabai 通常會以疊字形式出現，用來表示「冷靜」。「在泰國很常聽到『Sabai Sabai』，」法利妮說：「尤其是當你想告訴某人，不要把事情看得這麼嚴重的時候，或是想要叫他們開心點的時候。」然後還有「Jai yen」，意思是冷靜的心。「這是另一種要別人冷靜的用法，」瓦琳朋說。「我老公一天到晚對我說這句話。我們保持冷靜，不亂陣腳，接受我們不能改變的事，所以泰國人才有辦法不被充斥在生活中的討厭小事生氣、煩心。」瓦琳朋說。「笑笑就過了。」

微笑國度的幸福祕訣

觀光手冊稱泰國為「微笑之國」，因為微笑在泰國是種藝術，甚至有不同類型的微笑。其中我最喜歡的有：

Yim cheun chom：「我欣賞你」的微笑

Yim thak thaan：「我不同意，但你就繼續你的狂想吧！」的微笑

Yim sao：「悲傷的微笑」

Yim Mai awk：「我努力想要笑但就是笑不太出來，我的眼神說著我恨你」的微笑。

「我們老掛著微笑，並不是因為我們很快樂，」瓦琳朋說：「我們又不是笨蛋，哪會一天到晚很快樂，我們是皮笑肉不笑。」哎呀，怎麼這樣。「泰國人很適合服務業，」她告訴我：「我們懂服務之道，也知道微笑才能賺到錢——這招很管用。」但是假笑也對幸福有幫助，因為這可以欺騙我們的大腦，大腦相信我們很快樂後，就會釋放令人感覺愉快的賀爾蒙，如多巴胺和血清素。

堪薩斯大學（University of Kansas）的研究發現，強擠出來的微笑可以減緩壓力、降低心跳速度，在處理完累人的事情後，幫助身體和心理復原更快。微笑也可以幫助你得到「冷靜的心」。「泰國人不愛爭辯也不太堅持己見，這不是我們的文化，」瓦琳朋說：「我們寧可微笑也不要跟你鬧翻。我們很不愛起衝突，不愛嚴以律己，也不愛嚴以律人。」

自足、知足、接受，讓人更幸福

已故的蒲美蓬·阿杜德國王是個很極端的男人，他努力捍衛國內所有不同的宗教活動，強調並提倡多元的重要性。他認為「中庸之道」是通往幸福的道

路，並且告訴他的人民「只要不過度努力，不要超過自己的能力範圍，就會感覺滿足，」法莉妮這樣告訴我，然後又補充說明：「不是說你不該想把工作做好，而是你的追求應該要在能力範圍之內。」

與其總是汲汲營營地想要獲得更多，Mai pen rai 的意思是，你現在的生活方式已經很好了，不需要擔心或是追求更多。這種簡單明瞭的哲理使泰國人更幸福。他們不需要賺大錢，或變成嗑了 K 他命後笑容燦爛的音樂劇巨星的那種幸福，泰式幸福是自足、知足，而當事情不如意時，接受現況——上述這些，泰國人都做得很好。根據彭博社（Bloomberg）2018 年「悲慘指數」的報告，泰國已經連續四年為六十六個國家中最不悲慘的國家。低調冷靜的心表揚狀，實至名歸。

自從蒲美蓬·阿杜德國王駕崩後，很多人現在都感覺泰國的問題變嚴重了——政治動亂、汙染和交通問題都達到了這幾年來的巔峰。「國王也很擅長凝聚人心，」瓦琳朋說：「我們很想念這點，但我認為泰國精神還是會延續下去，Mai pen rai 會一直伴隨著我們。」

如何在生活中應用「Mai pen rai」，
別放心上的精神？

1

不要鑽牛角尖。網路連不上？

忍一下就過了。Mai pen rai。

交通很塞？最後還是會到的。Mai pen rai。

飛機誤點？靜下來等，想想人類竟然可以把人放在

一個像鳥一樣在空中翱翔的大水管裡面，超酷。Mai pen rai。

2

想想你的收穫——不管是作物收成、

工作任務或是學校作業，盡力做，

然後接受你已經沒辦法再做更多努力的事實。Mai pen rai。

3

感覺挫折？試著用媽媽的老方法，

深呼吸三次，然後努力經營「冷靜的心」。

4

微笑，把皺著的眉頭打開，

這樣會更幸福、更健康，哪怕只是強顏歡笑。

5

永續生活，

你有辦法每週工作七十小時，

蠟燭兩頭燒嗎？這樣能不胃潰瘍嗎？

應該很難吧。找到你的中庸之道，然後謹守。

GEZELLIG

懷舊的舒適感

◆

　　Gezellig（發音：「heh-sell-ick」），形容詞，源自中世紀荷蘭文的「Gesellich」，代表「友善的」，現意指舒適或老舊。Gezellig也可以當名詞使用，名詞為「Gezelligheid」，用來指正面、溫暖的情緒或是和睦的感覺。荷蘭日常對話中，這一詞的使用相當氾濫，在荷蘭，所有Gezellig的事物都廣受喜愛。Gezellig在某些方面很像丹麥的Hygge或德國的Gemütlichkeit，但是Gezellig還有另一個關鍵，就是老舊。此外，荷蘭人覺得這個概念是他們發明的。

THE
NETHERLANDS

荷蘭

　　「咖啡和蛋糕很 Gezellig、出門喝杯啤酒很 Gezellig、看電視也可以很 Gezellig——尤其是當你有很 Gezellige 的朋友來家裡的時候。房間可以很 Gezellig、建築可以很 Gezellig、人可以很 Gezellig，整個夜晚都可以很 Gezellig，」海牙（The Hague）的朋友伍特開始教我 Gezellig 相關知識。所以每件事物都可以很 Gezellig？「算是啦，」他告訴我：「不過老舊的東西又多一份 Gezellig。」

Gezellig=舒適+懷舊

　　在丹麥，北歐的現代風格也可以算是 Hygge，但在荷蘭就要走懷舊路線。也就是說，傳統商店和精品店很 Gezellig，現代風室內設計與倉儲空間則否。阿姆斯特丹到處都有深色木頭內裝、燈光昏暗的懷舊「Bruine kroegen」，這種「棕色咖啡館」就是 Gezellig 的極致表現。在住家附近，可以當作自家客廳延伸空間的「Kroeg」酒吧也是。

　　「基本上，只要溫馨舒適就算得上 Gezellig，」伍特進一步解釋。「而且我們一天到晚把 Gezellig 掛在嘴邊，甚至比丹麥人講 Hygge 的次數還頻繁。」我告訴他這言重了，但他說：「是真的！我們不認為這世上有可以與 Gezellig 匹配的字——我們覺得是荷蘭人發明了舒適好時光的概念，所以當丹麥的 Hygge 開始席捲全球之後，我們很……」他緊接著解釋：「不能說是生氣啦，但就有點驚訝。」我點點頭。我認識伍特五年了，從來沒見過他生氣，而且荷蘭人生性不愛計較。

　　Gezellig 之外，自由主義和包容也是荷蘭幸福的關鍵。「這麼多年來，我們一直被各國擠壓，所以我們學會了和睦相處。」伍特解釋道。荷蘭由 12 個省組成，東臨德國，南接比利時。荷蘭是有名的平地國，荷蘭「Netherlands」

字面上的意思就是「低地國」。荷蘭只有一半的土地高於海平面一公尺，因此荷蘭人對水有種複雜的情懷，愛恨交織──他們時常有被水吞滅的危險。荷蘭有 1,700 萬人，人口密集度高，每一平方公里內有 414 人──他們別無選擇，大家只能彼此讓步、互相合作。

荷蘭的無宗教色彩也是舉世聞名，他們把宗教視為個人選擇，也有很強的社會包容力。墮胎、嫖妓和安樂死在荷蘭全都合法，2001 年，荷蘭也成為全世界第一個同性婚姻合法化的國家。荷蘭在世界新聞自由指數（Press Freedom Index）上排行第二，藥品政策也是出了名地「先進」。

打開心胸，讓人更快樂

「我們是個貿易國，」伍特說。事實上，荷蘭是世界上食物和農產品第二大出口國，僅次於美國。「而且我們有來自各國的人，所以必須要對新事物以及不同的生活方式抱持開放的態度。」我朋友辛蒂一樣來自海牙，她告訴我：「荷蘭沒有太多傳統，所以可以自由選擇最適合自己的文化。」

伍特也同意這種說法。伍特小時候，他們家每年耶誕節都會吃中國菜，因為他們最喜歡中國菜，而且他住的地方有很多中國人，也就是說，有合適的食材和專業技術，可以做出道地的中式佳餚。荷蘭很小，但是土耳其人口非常多，他們在這裡散播著自己國家的傳統，荷蘭某些地區也有著濃厚的摩洛哥色彩。多數荷蘭人心胸都很開闊，這對外人來說很新鮮。

　　1999 年，我第一次造訪荷蘭，那時我和朋友東尼一起搭便車到阿姆斯特丹，現在回想起來這實在不明智，但在當時卻感覺是最棒的週末計畫。窗外出奇不意、如詩如畫的風景中，有好多漂亮的大貨車，而且我們在當地遇到的荷蘭人都很友善，令我們很震驚。是他們的水裡有什麼嗎？還是真的是因為 Gezellig、風車和大麻，讓荷蘭人看起來這麼好？

　　「我們也會不開心啦！」辛蒂很肯定地說：「但我們總是敞開心胸，對人友善，和每個人聊天，這就是 Gezellig。我們也抱持著 Gezellig 的態度，對周遭的世界以及我們遇見的人感到好奇——所以我們不怕開口、不怕直接。」

　　丹麥的 Hygge 在碰到新朋友的時候比較矜持；德國人則覺得 Gemütlichkeit 是隱私；荷蘭人不一樣，荷蘭人的 Gezellig 好像氾濫到可以跟身邊所有人分享。荷蘭人在世界幸福排行榜上一向榜上有名，而且他們的工時最短，根據經濟合作與發展組織（OECD）的數據，荷蘭打卡記錄的工時，平均每週只有 30.4 小時。

荷蘭政府給新手父母的禮物：居家育嬰師

「很多人都兼職上班，尤其是人父人母，」辛蒂說：「因為托嬰很貴。」在荷蘭，嬰兒大約十週大時，母親通常就要返回職場，但只會兼職，父親、祖父母和其他家人會一起分擔週間的工作。但怎麼說，產後十週就上工聽起來一點都不 Gezellig。辛蒂同意，但她也告訴我，還是有些東西可以幫助荷蘭人獲得 Gezellig。

新手媽媽的福利包含居家育嬰師「Doula」，費用由保險支付，育嬰師會到府服務，住個幾天照顧新手父母，也會負責做菜、做簡單的打掃、照顧新生兒。伍特想起當初來幫忙帶兒子的 Doula，情緒還是非常激動。「她真的超棒！」伍特兩隻手掌壓在桌上，加強語氣，然後他告訴我，他的育嬰師覺得他看起來很累的時候，還會讓他下樓睡午覺。叫爸爸去睡午覺？我簡直不敢相信。他有點不好意思地點點頭：「有時候她還會放我去喝杯啤酒。這真的超級、超級Gezellig。」

新手爸媽返回職場後，通常會採取比較 Gezellig 的僱傭勞動制，工作完成後就可以回家了——管什麼出缺勤。在荷蘭，如果生病了，就會待在家裡「Uitzieken」（病到好），好好地生病，不要抱病上班傳染給同事。讓Lemsip 感冒藥和羽絨被伴你左右。

還沒被荷蘭的 Gezellig 樂趣說服的人，再告訴你們，荷蘭還有鬱金香、荷蘭木鞋、米菲兔（迪克・布魯納〔Dick Bruna〕，願你安息），還有腳踏車。到處都是。根據歐盟執行委員會，36% 的荷蘭人表示腳踏車是他們「最常使用的交通工具」，騎車讓荷蘭人長保健康快樂。他們也吃得很健康，套句我朋友的話說，他們吃的是「農場食物」，但他們三不五時會用甜食慰勞

自己，去過 Gezellig 的棕色咖啡館的人，試過「Stroopwafel」（焦糖煎餅）的
人就知道了。但是他們的正餐主要還是肉、兩份蔬菜，再搭配附餐乳製品。

多吃乳酪，刺激大腦的快樂感

荷蘭人超愛牛奶。我第一次造訪荷蘭的辦公室時，看到身穿西裝的商務人
士大口灌下一盒盒的鮮奶，忍不出笑了出來──但這景象很常見。在荷蘭，很
多人用白白的牛奶搭配荷蘭國民午餐：簡單的起司三明治。牛奶是鈣質與維生
素 D 的來源，這兩種元素都能改善情緒。

密西根大學（University of Michigan）的研究指出，乳酪含有一種叫做酪蛋
白的化學物質，能夠刺激大腦中的鴉片受器，引發狂喜的感覺。而且，這些蛋
白質使荷蘭人成為了世界最高的人種（真的，我兒子班上有個男生，剛入學的
時候我還以為是老師）。

喝咖啡降低罹患憂鬱症的機率

「我們吃得好，也知道如何活得好，」辛蒂又補充說：「多數荷蘭人幾乎每個晚上都會來杯葡萄酒，或兩杯，也可能三杯。」三杯？她點點頭說：「這很平常。不過我們不會酗酒。」而夜晚過後的早晨，一定要有咖啡來幫你重新上路。

2011 年哈佛大學一項研究發現，喝咖啡可以減低女性罹患憂鬱症的機率，德國魯爾大學（Ruhr University）2012 年的研究也發現，咖啡因可以刺激大腦的正面情緒區塊。

根據歐睿國際（Euromonitor）的調查，荷蘭人是全世界喝咖啡喝最多的人，但荷蘭卻仍是地球上最放鬆的國家之一。想像一下，若是少了咖啡因的刺激，荷蘭人的情緒應該會更四平八穩。順帶一提，法蘭克·辛納屈（Frank Sinatra）曾說橘色是「最快樂的顏色」——荷蘭人只要一有機會，就會穿上代表荷蘭皇室的亮橘色，他們如此快樂也就不令人意外了。

在風中散步，換取好心情

Gezellig 之外，快樂的荷蘭人還有其他可愛的詞，我打算收錄到每天使用的詞庫中，我是認真的——感官形容詞「Lekker」，意為「美味」或「性感」（超荷蘭的！），討喜的「Feestvarken」，直譯為「派對小豬」。「派對小豬是派對慶祝的主角。」伍特告訴我。另外還有振奮精神的「Uitwaaien」，表示「在風

中散步，換取好心情」，多美好。「在海灘來個『uitwaaien』最棒了，」伍特說。「新鮮空氣對你很好，也總是能讓人心情變美麗。我們老往海邊跑，也會盡可能常常走進大自然。」

　　「雖然交通很恐怖，」伍特說：「但我們還是很樂意開 1 個小時又 45 分鐘的車到海邊，然後花一小時找停車位——值得。」在被風狂吹，疲憊不堪地回到家後，荷蘭人便會坐下來吃乳酪，拿出葡萄酒，好好享受 Gezellig。

如何像荷蘭人一樣享受「Gezelligheid」，
懷舊的舒適感？

1
找到屬於你自己的「Bruine kroegen」（棕色咖啡館）。
在住家附近，找一間可以讓你感覺像回到家一樣，
好好享受Gezellig好時光的老舊咖啡館。

2
效法荷蘭人，
試著對你遇見的所有人都更友善一點、更敞開一點。

3
好好過生活，也讓別人好好過生活。
享受人生，值得慶祝的時候，就當隻派對小豬。

4
找機會在風中奔跑。
被大自然的風吹拂，有種美好的童真和混亂感——Uitwaaien不會讓你失望。

5
如果葡萄酒、風車和大麻都不能帶給你好心情，
記得還有荷蘭木鞋、米菲兔或腳踏車。
如果上述這些都還是不管用，
是時候花時間好好看看鏡子裡的自己了⋯⋯

KEYIF

奇異福

◆

　　Keyif（發音：「kay-if」），名詞，原用來表示「心情、滿足、醉意」的阿拉伯詞彙。俄語、希伯來語、庫德語、烏爾都語和印度語中都有Keyif一詞的變化版，但是這個詞彙成了土耳其文化的一部分。現在，這個詞彙的意思是享受放鬆的狀態。追求無所事事所帶來的快樂，是土耳其人消磨時光的方式，也是許多土耳其人對幸福的定義。

TURKEY

土耳其

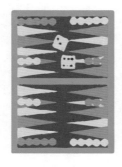

西洋雙陸棋盤攤在你眼前，這局好幾小時以前就已經開始了，但是沒有人急著要趕快玩完。又是炎熱潮濕的一天，太陽開始緩緩下山，空氣終於涼了下來。你和朋友在一起，坐在酒吧外面，望向閃閃發亮的博斯普魯斯海峽一貌似無所事事，但實際上卻享受著土耳其不可或缺的習俗——「奇異福」（Keyif）。

我同事梅莉絲來自伊斯坦堡，某個烈日當頭的日子，我們在倫敦市中心的一個屋頂上，她向我生動地描繪著她的故鄉。我們感覺又黏又熱，天氣完全沒有要放過我們的意思，而且我倆都捲入了一整個下午的會議風暴，短時間內看似是沒有休息的希望了。忽然間，我們都好希望可以從泰晤士河瞬間移動到土耳其海峽。

「Keyif」：土耳其式幸福

「奇異福」是土耳其日常生活中不可或缺的一部分，而伊斯坦堡無庸置疑是奇異福的文化首都。梅莉絲把土耳其人的國民消遣形容為：「懶洋洋的低調熱情」，因為奇異福的關鍵就是慢慢來。「放鬆對土耳其人來說真的非常重要，」同樣來自伊斯坦堡的奧莉薇雅也同意，而要真正享受奇異福，就要放輕鬆。「不要把 Keyif 想得太複雜，」她說。「要慶祝生命中簡單的快樂，像是游泳、在沙灘上散步，或是欣賞日落。每個人都能做這些事，無分階級、沒有歧視。Keyif 是兼容並蓄的。」在艱難時期，奇異福也是救命丸。「你可能對整體生活感到不滿意，」奧莉薇雅說，「但是有了 Keyif，你就可以告訴自己，現在、此刻，你要讓自己開心。這就是我們現在所需要的。」

根據經濟合作與發展組織（OECD），土耳其在收入、健康、教育方面的表現，都低於平均值，15～64 歲之間的人中，只有 51% 的人有工作。土耳其橫跨歐亞大陸，鄰國有希臘、保加利亞、喬治亞、亞美尼亞、亞塞拜然、伊朗、伊拉克以及敘利亞，而土耳其的 8,000 萬人口曾經歷了好幾十年的內戰，以及 2016 年失敗的政變。「我們的情勢一直都很緊張，總是充滿不確定，可能才過了一個月，情勢就又不一樣了。」奧莉薇雅這樣形容她的家鄉。

「我們不常對未來的事情做承諾，因為我們不知道兩週後會發生什麼事情，所以我們過一天是一天。」「Bakarız, inşallah」（再看看，上帝允許的話）是土耳其人在做計畫的時候，常說的一句話。所以當某人說「這陣子找天來我家喝咖啡吧」，你的回答可能會是：「Bakarız, inşallah」。「雖然我們總是充滿不確定，但確定的是，土耳其人的共通點是 Keyif，Keyif 把我們凝聚在一起。」

無所不在的「Keyif」

在幸福程度調查中，土耳其人唯一拿手的項目只有「公民參與」，而根據 OECD，86% 的土耳其人認為他們在有需要的時候，可以找到值得信賴、依靠的人。雖然許多土耳其人無法「修復」周遭環境，但他們總是有親朋好友以及奇異福可以靠。

「Keyif」奇異福在土耳其文化中無所不在，可以與各種不同的「活動」——通常是「靜止的」——運用，這時 Keyif 就會變型為 keyfi。所以說，當你穿著有彈性的褲子，攤坐在沙發上，意識到自己在當下處於沒有壓力的狀態，那麼看電視也可以昇華為「televizyon keyfi」（電視 Keyif）。你可以在你想要做的所有活動後面加上 Keyif 或 Keyfi，例如「Kitap okuma keyfi」（閱讀 Keyif）；甚至是「Pazar keyfi」（週日 Keyif）。

「Keyif 在於用放鬆的狀態從事某個活動，所以可以應用在幾乎所有事情中，」梅莉絲解釋。有「Gezme keyfi」（閒晃 Keyif），你和某人見面，兩人卻只是漫無目的地邊走邊聊（「我大推！」梅莉絲說），然後還有「Meyhane keyfi」，在餐廳喝著拉克酒（Rakı）、吃著下酒菜（Meze）。

拉克酒（Rakı）是蒸餾葡萄渣兩次後（釀酒剩下來的固體渣滓），最後再以茴香調味做出來的酒。土耳其國民飲料拉克酒送上時會附上一杯水，讓你把水倒入酒中，直到整杯變成白色。「我們叫它『獅子奶』，」梅莉絲說。大概是因為這飲料看起來很淡，但事實上「超級、超級烈。」，我的嚮導告訴我。試探自己酒量，牛飲獅子奶、捏著食物慢慢吃，是可以延續好幾個小時的「活動」，親朋好友一同圍繞在大桌邊，聊天、吃喝，完全不在意時間。「不像倫敦，倫敦的餐廳兩個小時就要翻桌，」梅莉絲說：「在土耳其，我們可能晚上八點開始吃飯，一路吃到凌晨一、兩點。」

微醺、烤肉、喝咖啡，提高幸福感

另一個對土耳其人來說很重要的詞彙是「Çakırkeyif」，意為「微醺 Keyif」，奧莉薇雅告訴我。「意思是其實你還沒喝醉，又不完全清醒，但又算有喝夠。」還有「Mangal keyfi」，烤肉 Keyif，在博斯普魯斯海邊或隨便一個戶外的綠地搞個 DIY 餐廳，烤蔬菜、雞肉、魚肉或小羊排。你會看見有好多票人馬拿著烤肉夾、放著自己的音樂，還有好多裝滿食物的冰桶和一大壺茶。

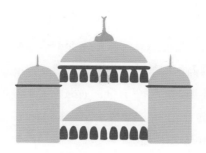

在土耳其文化中，茶很重要，所以當然也有「Çay keyfi」（茶 Keyif），到朋友、鄰居家串門子喝茶、吃蛋糕、聊是非。土耳其茶是用茶葉沖泡（拜託不要用茶包），倒在有曲線的玻璃茶杯中，不加糖奶。咖啡也很受歡迎，喝咖啡時甚至還會有人替你占卜。

「喝下了無敵濃郁，泥水一般的咖啡之後，把咖啡渣倒在盤上，靜候咖啡渣沉澱後便可預測未來。」梅莉絲告訴我。年輕人很迷這套，大多是女性，通常只是好玩啦。不過狂熱份子甚至會為此入城，找咖啡占卜阿姨替他們算命。「有時候真的很準，」我試圖想要隱藏我的懷疑，但梅莉絲向我保證。「我認真！我其實也不相信，但有時候真的準到很恐怖。」我答應她我會試試，不過有但書，就是結束後要給我來些「微醺 Keyif」。

如果在各種放鬆之後還有點體力，這時土耳其人最喜歡用「Boğaz keyfi」，在博斯普魯斯海邊散步，來寵溺自己。這是土耳其文化中的經典，可以在很多歌曲、詩詞中看到──每部土耳其電影都至少會有一幕漫步博斯普魯斯海邊的場景。望向大海，讚嘆著閃亮亮的博斯普魯斯海峽，你就可以聲稱自己體驗過了最頂級的 Keyif──「伊斯坦堡 Keyfi」。

不刻意下苦功，才能完整體驗「奇異福」

「來自伊斯坦堡的人最懂放鬆，」梅莉絲說，雖然她也承認，她可能不是

完全公正：「我們真的很擅長 Keyif」。Keyif 是個至高無上的神聖概念，所以土耳其也出現了很多確保你的樂趣和享受沒有被妥協的語句，例如：「Keyifin yerinde mi?」（感覺還可以嗎？）「Keyifini çıkar!」指的是「盡情享受」的常用片語；還有對「享樂主義者」的最高讚譽：「keyfine düşkün bir insan」。但是這種程度的 Keyif 並非我們可以積極追求的。

「太刻意就不 Keyif 了，」在我試圖掩飾我的沮喪時，奧莉薇雅告訴我。「你一旦開始想要在某件事上下苦工，Keyif 就消失了，」她說。所以如果主人太在意擺設、食物或是客人在做什麼或沒在做什麼，就會「失去」Keyif。「這是因為 Keyif 不在於事物的樣貌，」奧莉薇雅說：「Keyif 在於輕鬆舒適。就……放輕鬆就好。」

在土耳其，放鬆誠可貴，若可以「輕鬆面對」更是了不起。「假設某個人在做某一項工作，我們會說『Kolay gelsin』，意思就是，希望你做來輕鬆。我們一天到晚把這句掛在嘴邊——你可能會在早上對辦公室的某人說，或是經過路邊的工人的時候，對他們說。」土耳其人甚至會在健身房對健身的人說「Kolay gelsin」。對土耳其人來說，用 Keyif 策略來放鬆你的身心靈是一種藝術——不容挪揄，也急不得。

「也許是氣溫太高的關係，也可能因為我們一直以來要面對各種不同的困境，總之 Keyif 在土耳其真的非常珍貴。」梅莉絲說。她告訴我土耳其的 Keyif 內涵是很難出口到世界其他地方的。「但我很努力推廣。」她補充。

如何體驗「Keyif」，奇異福？

1

在庸庸碌碌的生活中暫停一下。

你也許沒有博斯普魯斯海峽，

但我相信你附近一定總有個池塘、湖，或一條河。

2

放慢吃東西的節奏。

看看你一頓晚餐最久可以吃多久。

玩西洋雙陸棋（本來就在玩了？幹得好，Kyeif加分！）

3

多花點時間盯著遠處看，

看著眼前最遠的事物，

看看結束後感覺如何。

記·得·呼·吸。

4

享受慵懶，沒有罪惡感。

Kolay gelsin！

HOMEYNESS

家的感覺

◆

　　Homeyness，名詞，家的特質。該詞首見於十九世紀，用來形容某事物「像家一般」那種安撫人心的特性。Homeyness可以形容舒適、親暱的特質，通常會用來描述室內環境或是手工物件，特別是不做作、不浮誇的東西，就像是回到過去簡單的時光。

USA

美國

諾拉坐在從小陪伴著她長大的桌子邊——這張桌子是她從一間紡織廠以 18 美元購入的，這間紡織廠現已停業了——她在桌邊仔細看著桌上被剪刀和縫衣針刮了一百年而留下的銅綠色網痕。她在腦海裡想像著，留下這些刻痕的那排女工人，像她一樣的女人，想要替家人修補某件物品的女人。

「有時我的生活就像以前這些女裁縫師一樣，」諾拉告訴我。「沒有熱水的時候，我會在客廳擺水盆，替孩子們洗澡，洗好之後用水沖掉前廊上的肥皂水。我還曾經在兩平方英呎大的流理臺上準備佳節大餐，我可以感覺到一種情感，一種友誼，我與之前住在這裡的人的友誼，他們也曾在這裡動手做菜。」諾拉裁縫、烘焙、編織，替她的孩子或朋友的孩子們給木頭字母上色、裝飾——這帶給她一種特別的成就感。「我在替他們做這些東西的時候，總想著他們，我在桌邊，沉浸在自己快樂的小世界。」

有時候她會暫時放下上色的工作，開始縫起洋娃娃或是做些什麼「讓家裡聞起來超級美味，還可以抹上厚厚奶油」的東西。諾拉覺得這很療癒：「我哼著歌，在這短短的時間內，所有不完美的東西感覺都變得非常好。」這就是「Homeyness」。

用Homeyness打造家的溫馨感

Homeyness 和 homeliness 不同，homeliness 的意思是俗氣、普通、不漂亮；Homeyness 也不是 homie，homie 是街頭用語，指一起長大的朋友。Homeyness 是家的感覺，會讓人聯想到抱枕、各種蒐集物、編織、手工藝專用桌，還有許多木頭的畫面。基本上就是薇諾娜・瑞德（Winona Ryder）的電影《戀愛編織夢》（How to Make an American Quilt）裡面的心情拼貼版。這個概念在美國超受歡迎。來自

麻州的史黛告訴我，一個地方要有「家的感覺」，就要舒適、溫馨。「Homeyness 是我媽媽煮的雞湯、烤麵包的味道，」她說：「還要夠乾淨，這樣我才不會因為好像有事情還沒做而感到焦慮，但又要有夠多的裝飾或雜物，才有有人居住的感覺。」太現代感的東西感覺很冰冷——冷是 Homeyness 的反義詞。

Homeyness是溫暖、舒適的感覺

來自鹽湖城（Salt Lake City）的德魯擅編織，他告訴我 Homey 在於溫暖、親近。「Homey 是分享，是共處於一個快樂的氛圍當中，所以說，沒錯，我是喜歡有美感設計的家，但 Homey 的重點在於孕育特別的時刻，而不是有個漂亮的住處。」Homeyness 講求舒適大於風格，也就是說北歐那種少就是美、務實的極簡主義有時會讓美國人大吃一驚。我朋友傑森來自波士頓，他媽媽第一次拜訪他在丹麥的北歐全白風公寓時（「傑森！這根本是太空船！」），還問他是否要「對著牆板說話，浴室的門才會打開」。

Homeyness 也不是節奏超快的現代生活，而是放慢腳步的好藉口。來自加州的拼布和刺繡達人瑞秋說：「『Homey』是擁抱人生中的平凡小事。手工藝有種力量，能迫使你慢下腳步。」Homeyness 也是這個邪惡世界的避難所，是現代生活的出口。當然如果一直抱持著鴕鳥心態是不行的——也沒人想這樣。但在我們回到紛紛擾擾的世界之前，Homeyness 是我們重新整理自己、恢復元氣、重拾熱情的好方法。

金融危機、川普上任後，許多人的美國夢碎，就像諾拉所言：「生命並沒有照著我們的計畫走。」擁有一個穩定的工作，讓你可以繳帳單，買間有白色木頭圍籬的房子，剩下的錢還夠做你 2.4 個小孩的大學基金——現在這些感覺成了不切實際的幻想。當諾拉生下了第一個孩子時，他們還在租公寓，但又很希望可以給兒子自己記憶中的童年。「我想要一個感覺像家的地方——就算只是暫時的也

好，」諾拉解釋：「在差強人意的環境中，有著強大的決心的母親總是如此，我做出了妥協，彷彿這一切攸關生死。我開始認真投入了手工藝的世界。」

做手工藝，感受過去的美好時光

越來越多美國人開始做手工藝，根據創意產業協會（AFCI），有一半的美國家庭至少從事一種手工藝活動。懷舊是一個很大的動機，來自佛羅里達，熱愛十字繡的芮秋喜歡自己做麵包、肥皂，她說：「我喜歡做那些祖母還有祖母的長輩曾經做過的事。我們刻意想要回到『過去的時光』。」麻州的史黛補充道：「我喜歡某件物品被好幾個世代的人珍惜過的那種感覺。我有一件姨婆手編的毯子，而且也還在使用，我覺得這樣很棒。」

跟我聊過的所有手工藝者，都承認自己有另一個《草原上的小木屋》（Little House on the Prairie）人格，而對一個「新」國家來說，與過去連結是很有價值的事。事實上，美國根本沒有什麼「新鮮」的。這塊地的第一批殖民者於 42,000 ～ 17,000 年前來自亞洲，一直到了 1492 年，老哥倫布（Christopher Columbus）才登陸美國，帶著歐洲殖民者的各種娛樂以及一大堆疾病，使當地原住民飽受痛苦。而美國在 1776 年 7 月 4 日慶祝獨立宣言，十三個美國殖民地宣布成為獨立的州，不再隸屬於大英帝國——對許多人來說，這就是美國誕生的日子。

著迷於族譜的美國人

歐洲的美國人常會發現一切都好「老」——從風俗民情到建築物都是。美國沒有這樣的傳統，許多美國人因此發展出了對族譜的著迷，我遇到的所有美國人都能鉅細靡遺地告訴我，他們是「四分之一這種人種……」以及「八分之一另一

種人種……」。基因檢測服務開始流行了起來，像是 23andMe 基因檢測公司以及 ancestry.com 網站上的「族譜測繪」服務，可能會讓外國人百思不得其解，但《時代》雜誌甚至為此寫了一篇專文，稱族譜為美國的「新 A 片」。美國是移民國家，所以大家其實或多或少都被同化了，在這種背景之下，如果可以找出自己的身世背景，展望未來時就不會感到如此孤單。

美國是一塊大「拼布」

可以用「拼布」來比喻美國這個國家，以及國內來自於不同國家的人與文化——「美利堅合眾國」就是這樣組成的。拼布藝術是由許多塊碎布組合而成，每一塊碎布都帶著自己的顏色、質地、歷史，拼接、縫合在一起，成為一整塊完整的作品。美國的特質正是如此，是各部分的合作、整合。就這方面來說，拼布就是當代美國的象徵，這比過時的「大熔爐」比喻，甚至是「沙拉拼盤」來得更加貼切。

「身為一個移民國家，我們感到相當自豪，但我們也想知道自己的根，」一個朋友這樣告訴我：「我們想要有自己的歷史。」在這方面，Homeyness 一直扮演著相當重要的角色，好萊塢電影的場景設計甚至會去找拼布或織物來營造出一種過去、家族歷史的氛圍。這幾年來，我一直到處窺探美國家庭，發現很多美國人都用相同手法來做「場布」——使用 Homey 元素的道具，並以場景拼貼出過去的時光，述說這一家人的故事以及他們的價值觀。對在數位世界中長大的孩子們來說，與過去有所連結，打造 Homey 氛圍的慾望反而更加強烈。

用手做出實體的東西，體驗踏實感

根據創意產業協會，現今美國從事手工藝的人，平均年齡比全體美國人的平均年齡要低，而千禧世代認為社群網站是他們靈感的來源（在你喜歡的網路平台鍵入 #手工藝，你可能也會被感染）。也有很多人提到，動手做是件很吸引人的事。「好像每件事都自動化了，所以做出實體的東西，不看螢幕，感覺很踏實。」屬於千禧世代的芮秋這樣形容做手工藝的衝動。此外還有環境因素，「升級再造」是個趨勢，珍惜並重新利用老物創造出的居家感手工藝品，比起每次都買新的，比較不浪費。

「千禧世代很有環保意識，」芮秋說。「我們現在正在承受前幾個世代人所造成的後果——大堡礁又出現了消失的危機，這全是因為人類製造的垃圾，還有到處亂漂的塑膠製品，我們不希望這樣。」拯救地球之外，Homeyness 還可以省錢——在經濟和房市如此惡劣的環境中，省錢很重要。「我們必須好好規劃退休後的生活，因為現在的社會安全制度、政府及僱主提供的退休金都很不保險。」芮秋告訴我。

用手工藝表達愛

對美國人來說，動手做比花錢買還多了一層實質意義。因為在一個自由市場經濟掛帥的國家，所有事物好像都可以被拿來販賣，但 Homeyness 顯然無法（或至少不該）。就像史黛說的一樣：「Homeyness 對我來說其實就是給予，是一種舒適和愛的感覺。」

就內涵來看，Homeyness 不是到家附近的手工藝材料賣場把貨掃光，然後躲到洞裡逃避這個世界，而是「同在」以及「付出愛」。第一次世界大戰的時候，「編織」成了一種愛國的義務，政府要求美國人織出一百五十萬件衣服給士兵，

替他們保暖。這使他們在離鄉背井、危險的環境中，能夠得到一些安慰。1915年，編織流行了起來，紐約愛樂交響樂協會（New York Philharmonic）甚至必須請觀眾暫停手邊的編織工作，因為鉤針敲來敲去的聲音已經影響到表演了。1987年，一群陌生人在舊金山齊聚一堂，一起做愛滋紀念拼布，紀念恐被歷史遺忘的那些人的生命。現在也還是有很多人會為了行善，而聚在一起做手工藝。

德魯會打帽子和圍巾，捐給當地的遊民收容所。「但這也不是完全為了他人，」他告訴我。「我很幸運，我的興趣剛好可以滿足他人的需要，我也很喜歡手邊有事做——鹽湖城的冬天真的冷得嚇人，所以我也剛好可以有點貢獻。」諾拉、史黛、瑞秋和芮秋也都提到，作品可以帶給別人歡樂是一個很大的動機，他們都把這樣的熱情維持在興趣的範疇，而不是把作品拿去賣，藉此保有這種特別、簡單的純粹。

打毛線可以降低血壓、減輕壓力

有很多男人也開始加入了「Homey動手做」的行列，雖然德魯的「毛線小團體」中常只有他一位男士，但他有很多男生朋友也開始打毛線或編織了。真是明智的決定，因為哈佛醫學院的研究發現，打毛線可以減輕壓力，甚至可以降低血壓。「我認識的男人大部分偏愛一般認為比較『陽剛』的活動，例如蓋房子或修理物品——至少外表表現出來是這樣。」芮秋的老公也開始學起了基本木工。諾拉的老公則對啤酒釀造非常著迷——研究指出，屬害的男性「製造者」，其實遠比大家以為的還要更多。創意產業協會發現，過去從事創意活動的男性人數被低估了，繪畫、塗鴉、木工和居家設計，是現代男士最喜歡的創意活動。今天只要在布魯克林閒晃，就會看見一堆大鬍子文青，飆著單速車趕回家創作，大筆一揮畫個水彩，或是做版畫。

擁有「居家興趣」能提升幸福感

不管你的「居家興趣」是什麼，都能替你的幸福加分。
科學指出，挑戰自己從事不同的事物，可以在大腦中創造
出新的神經迴路，舊金山州立大學的學者也指出，學習新
技能，甚至可以讓我們感到更加快樂。《牛津教育評論》

的一份英國研究發現，興趣的參與能夠提升幸福感，
以及處理壓力的能力。根據倫敦大學，學習新技能也
對自尊有立即的影響，可以讓我們感覺人生有意義，
此外，還能幫助我們拓展社交圈。或是，就像來自德
州的朋友貝卡說的一樣：「拼布就是社群。」

芮秋也同意：「拼布活動非常適合社交——我媽會參加拼布小組，小組內
這些年長女士一個月聚一次，在她們動手縫布或是忙著把小方塊湊在一起的時
候，會一邊一起遙想當年，分享過往的故事。我很喜歡這種人際關係。」瑞秋
指出：「想想美國歷史——女人總是聚在一起做東西。可能是做給軍官穿的制
服，或是用聚在一起手作來對某件事表示抗議。『Homeyness』把女性連結在
一起。」

貝卡以前會睡在厚重的拼布毯下，感受「一塊塊碎布和一針針縫線中內含
的愛」，真是美好的回憶。就像史黛說的一樣：「如果有人花十幾個小時，親手
做毯子之類的禮物給你，那是因為他愛你。」芮秋也同意，「我很喜歡四處看看，
去感受我們在製作時投入的愛。」製作有居家感的東西，是愛的具體表現。

「居家感」代表幸福，這對許多美國人來說，也是唾手可及的幸福。所以，
開始動手做吧。創造出你的「居家天地」，找一個「居家」的興趣。然後與他
人分享。看看這會帶給你什麼感受。

如何創造「Homey」，家的感覺？

1

做點什麼──餅乾、小桌墊、拼布、織物、
藝術創作或是自釀啤酒，動手就對了。

2

找伴，找到你的老靈魂社群，
盡可能多聚聚，跟大家一起做你的「居家小物」。

3

分享你的創作，
替某個心愛的人設計一個禮物，把愛傳出去。

4

好好珍惜別人做給你的東西。
為對方在這個東西投入的關愛和細節心存感激，要知道對方很重視你。

5

放棄與雜物掙扎。
試著在這短暫的一毫秒，拋棄北歐極簡風，
看看「居家風」那種困迫、抱緊緊的愛給你什麼感覺。
如果還行，不妨考慮重回溫暖色調的懷抱，
把家打造成一個充滿居家感的避難所吧。

HWYL

揚起風帆，全速前進

    Hwy（發音：「h-oil」），名詞，一種強烈、激動的情感、熱忱與狂熱——這是威爾斯民情的一部分。Hwyl在威爾斯語中原意是，揚起風帆全速前進（Hwylio表示出航），而Hwyl現在有在某件事上盡全力，或帶著熱情去做的意思。同時也可以用來指「有趣」、「再見」、「祝好運」或「誠摯的祝福」（pob hwyl）。

WALES

威爾斯

　　一個來自波斯考爾（Porthcawl）的好男人娶了我朋友蘇西。我坐在教堂的長椅上聽著婚禮誓詞，已經熱淚盈眶，然後男唱詩班開始唱起了歌。就在這麼一瞬間，我開始抽泣了起來，鼻子裡都是鼻涕，莫名地感動到不能自已，我感覺自己快要心臟病，我的器官都要淹大水了。但不是只有我這樣，我們的朋友貝琪情緒也很激動，就連我的另一半也坦承他「眼睛裡有東西」。最近有打算要去威爾斯？記得帶手帕。

　　「我們在任何地方都能體驗 Hwyl──橄欖球看台、酒吧的歡唱時光、牧師布道，當然還有男唱詩班。」來自布萊納文（Blaenafon）的朋友班說，班解釋說，威爾斯的文化基石完全被 Hwyl 給浸潤了。音樂則是扮演著中心角色，就連了無生氣的樂器也可以 Hwyl，尤其是銅管樂器或是長號。「我們什麼都要大，」班告訴我：「威爾斯人在面對劇烈情緒時比較放得開，和我們的盎格魯撒克遜鄰居不太一樣。我們也很樂意說出內心的感受。」

　　如果一個威爾斯人今天很開心，你一定能看出來；反之亦然。「我們不會把情緒悶在體內，而且在威爾斯，一件事要不就是全世界最棒，要不就是全世界最爛，」班說。「我們就愛極端，我們的情緒起伏很大。」他抑揚頓挫，用唱歌一般的節奏說著，很能反映他這人的個性。

我和班是 20 年的朋友了，所以我就直接點破，他說起話來像雲霄飛車。「這是因為威爾斯就是個起起伏伏的地方，」這是他的回應。「我不過是這個環境的產物……」班是一個非常出色的演員，精通各種方言，所以他很清楚他在說什麼。

他的解釋是，說話語調通常和地勢一致，可以從聲音聽出一個人來自哪一區。「舉例來說，風蘭區（the Fenlands）非常平坦，所以該區的母音也很平，但是威爾斯山谷區就恰好相反。」地勢和音調都有高山，也有低谷，而 Hwyl 就是高潮迭起的溫床。

威爾斯的Hwyl生活哲學

「Hwyl 不是舒適、溫暖的概念。Hwyl 是遼闊、是哀愁。」黛安說。黛安是我的威爾士浦（Welshpool）朋友豪沃的威爾斯語老師。「而且威爾斯人的個性裡帶有一種烈火煉獄的特質。」她警告說。威爾斯最出名的詩人狄蘭·湯瑪斯（Dylan Thomas）的阿姨，嫁給了牧師大衛·里斯（David Rees）後，湯瑪斯深受里斯影響，因而發展出他獨特的激昂文風。里斯的布道充滿熱情，湯瑪斯於是開始深思布道的力量，以及威爾斯人特有的 Hwyl 特質，他在他的名作《桃子》（The Peaches）中大量運用了這個特色。

今天，Hwyl 一詞的使用，已經完全失去了宗教色彩以及道德意涵，但卻仍保有威爾斯牧師那種激動、誇張的痕跡。「到了一定年齡的威爾斯人讀報時，會直接先看訃聞專欄，說『誰死了？』」黛安告訴我：「這就是威爾斯精神的一部分——我們很享受這種悲傷情懷，」她解釋道：「我們喜歡戲劇張力。」

重視教育的威爾斯人

威爾斯很重視藝術，到處都有許多詩詞、文學慶典和表演，這類活動叫做「eisteddfodau」，最早可以追朔至十二世紀。每個小孩的學校都會舉辦 eisteddfodau，另外也有「青年 eisteddfodau」、「村莊 eisteddfodau」、「國家 eisteddfodau」，甚至還有「國際 eisteddfodau」。

十九世紀時，威爾斯在阿根廷和巴塔哥尼亞（Patagonia）都設立了威爾斯文化機構。「在 eisteddfodau 可以見證最濃烈的 Hwyl。」黛安告訴我。她說在威爾斯，這是地位非常崇高的活動，大家會力爭坐上「雕刻寶座」與戴上「皇冠」的機會。我才正要說這聽起來很像《冰與火之歌：權力遊戲》，黛安就告訴我「威爾斯人真的很崇尚智慧」。

威爾斯人超級聰明。威爾斯一份週報還特別規劃出一個版面，專門刊登作詩技巧和詩詞架構的文章。在大英國協其他地方沒有這種事。威爾斯重視學習，因為學習可以充實內涵，但另一方面，教育也是為了避免孩子將來要辛苦挖礦。工業革命時，煤炭取代木料成了主要燃料，挖礦成了威爾斯境內最主要的工作。

這是份非常危險的差事，常要面臨坍塌和意外事故，挖礦工人也有罹患呼吸道疾病和肌肉問題的危險，因為他們要在「夾縫中求生存」。後來石油崛起，威爾斯的採礦事業告結，礦坑紛紛關閉──1984 年礦工罷工也無效，因為被柴契爾夫人私下解決掉了。

「我們對於礦工的付出還有他們的傳統，有著滿滿的敬意，」黛安說：「當礦坑關閉時，很多社群以及整體社會結構也都相繼垮了。挖礦的工作非常艱難、危險，所以礦工總是希望自己的小孩可以受教育，這樣才能有更好的未

來。」多虧了這般逆境以及威爾斯在超級強大的前帝國主義國家旁的小國自覺，威爾斯人才能有如此強烈的社群精神以及團結力。

威爾斯有很長的商會、支持工黨的歷史，而全民健保等進步的政府提案，最終也促成了安奈林・貝文（Aneurin Bevan）帶領國民健保署（NHS）。「我們非常不願墨守成規、頑固反骨。」豪沃補充道。

除了長期以來的堅毅韌性，近幾年，威爾斯人也開始同心捍衛傳統。自1992 年起，威爾斯語就成了學校課綱的一部分，你碰到的威爾斯人一定都對他們的「紅龍傳統」感到無比自豪。「我們的家園，我們的國家，蘊含著很多對威爾斯人來說非常重要的文化。」她舉了一些威爾斯語中的珍寶，來證明這種愛國情操，像是「Cynefin」，名詞，意思是一個人與其出生地之間的關係，與自己感覺最像家的地方的關係；或是感覺自己應該住的地方的關係「Milltir sgwâr」，意為平方英哩，用來代表扣你心弦的那片土地或地區的片語。

對生命的巨大狂熱

「在威爾斯，從何而來非常重要。」班說。他也告訴我，他的家族自一七〇〇年代起，就一直住在南威爾斯同塊地那十平方公里的範圍內（「我們不喜歡跑太遠。」）

班的家族的根，也許比多數家族繫得深，但是想要留在祖國的心情，在某種程度上是所有威爾斯人共通的情懷。「我們有個詞叫『Hiraeth』，」黛安告訴我：「那是一種深愛、懷念祖國的思鄉之情──甚至可以說是對威爾斯的一種神話般的情懷。」我想像著紅龍的樣子，而黛安繼續說下去，描繪著熱愛祖國的寬闊胸襟，我這個「Jolly」的英國女子實在難以理解。

「這就是 Hwyl，」她點出了 Hiraeth 的核心意義，然後又再重申一次：「這不是柔細、輕鬆的愉悅感，而是對生命的一種巨大狂熱或熱情，非常威爾斯！」或是像我朋友班所說的：「我們每件事都全力以赴。」

如何體驗威爾斯「Hwyl」，
揚起風帆全速前進的感覺？

1

揚起你的船帆，全速向前。
擁抱人生的起起伏伏（有高山、有低谷）。

2

可以唱歌就唱歌，
隨時預備好手帕。

3

重視教育和知識，
這關乎我們每一個人，
不論年齡，不分社會地位。
若說Hwyl是全力以赴過生活，
那麼我們就必須隨時準備好
學習這世界中的一切。

4

珍惜你的家園以及家人。
要知道，當你離鄉背井時，
瘋狂想家是OK的。
Hiraeth是人生旅途的一部分。

謝詞

　　我要感謝安娜·包爾（Anna Power）、凱特·修森（Kate Hewson）以及莉莎·海頓（Lisa Highton）讓這本書得以問世，以及娜奧米·威金森（Naomi Wilkinson）把本書設計的這麼美。感謝貢獻自己的故事和經驗的每一位，還有人脈豐富，見多識廣的阿里·布加諾瓦寧（Ali Budjanovacnin）、伊恩·布許（Ian Busch）、詹姆士·曼德斯（James Mendes）、凱斯·包森（Kath Poulsen）、東尼·海利（Tony Haile）、塔拉·懷克（Tara Wike）、克里斯·奇那洛（Chris Chinaloy）、瑞秋·泰勒（Rachel Taylor）、法蘭克·史奇貝克（Frank Skilbeck）、傑克·本福（Jack Burnford）、尼克·羅斯（Nic Ross）、莉塔·瓦德（Rita Ward）、芬尼拉·恰瑞提（Fenella Charity）米斯卡·蘭坦能（MiskaRantanen）和凱蒂·佛里曼（Katie Freeman）。

地球上最幸福的字
解鎖世界30國的快樂秘方！

Atlas of Happiness: The Global Secrets of How to Be Happy

作者　　　　海倫‧羅素 Helen Russell
譯者　　　　高霈芬
責任編輯　　李彥柔、林亞萱
版面排版　　江麗姿
封面設計　　任宥騰
資深行銷　　楊惠潔
行銷主任　　辛政遠
通路經理　　吳文龍
總編輯　　　姚蜀芸
副社長　　　黃錫鉉
總經理　　　吳濱伶
發行人　　　何飛鵬
出版　　　　創意市集 Inno-Fair
　　　　　　城邦文化事業股份有限公司
發行　　　　英屬蓋曼群島商家庭傳媒股份有限公司
　　　　　　城邦分公司
　　　　　　115台北市南港區昆陽街16號8樓

城邦讀書花園　http://www.cite.com.tw
客戶服務信箱　service@readingclub.com.tw
客戶服務專線　02-25007718、02-25007719
24小時傳真　　02-25001990、02-25001991
服務時間　　　週一至週五9:30-12:00，13:30-17:00
劃撥帳號　　　19863813　戶名：書虫股份有限公司
實體展售書店　115台北市南港區昆陽街16號5樓
※如有缺頁、破損，或需大量購書，都請與客服聯繫

香港發行所　　城邦（香港）出版集團有限公司
　　　　　　　香港九龍土瓜灣土瓜灣道86號
　　　　　　　順聯工業大廈6樓A室
　　　　　　　電話：(852) 25086231
　　　　　　　傳真：(852) 25789337
　　　　　　　E-mail：hkcite@biznetvigator.com

馬新發行所　　城邦（馬新）出版集團Cite (M) Sdn Bhd
　　　　　　　41, Jalan Radin Anum, Bandar Baru Sri Petaling,
　　　　　　　57000 Kuala Lumpur, Malaysia.
　　　　　　　電話：(603)90563833
　　　　　　　傳真：(603)90576622
　　　　　　　Email：services@cite.my

製版印刷　　凱林彩印股份有限公司
二版一刷　　2025年2月
一版書名為《尋找全球幸福關鍵字：學會世界30國的快樂祕方》
ISBN　　　　978-626-7488-71-3／定價　新台幣450元
EISBN　　　9786267488690 (EPUB)／電子書定價 新台幣315元

Printed in Taiwan
版權所有，翻印必究

※廠商合作、作者投稿、讀者意見回饋，請至：
創意市集粉專 https://www.facebook.com/innofair
創意市集信箱 ifbook@hmg.com.tw

國家圖書館出版品預行編目資料

地球上最幸福的字：解鎖世界30國的快樂秘方！/海
倫.羅素著；高霈芬譯. – 二版. – 臺北市：創意市集出
版：城邦文化事業股份有限公司發行, 2025.02
　　面；　公分
譯自：Atlas of happiness : a journey through the
world's best happiness secrets
ISBN 978-626-7488-71-3(平裝)

1.CST: 幸福 2.CST: 生活指導

　176.51　　　　　　　　　　　113017631